余明阳 著

掼蛋法

首都经济贸易大学出版社
·北京·

图书在版编目(CIP)数据

掼蛋心法 / 余明阳著. -- 北京：首都经济贸易大学出版社，2022.6

ISBN 978-7-5638-3347-4

Ⅰ.①掼… Ⅱ.①余… Ⅲ.①扑克—牌类游戏—基本知识 Ⅳ.①G892.1

中国版本图书馆 CIP 数据核字(2022)第 069212 号

掼蛋心法
余明阳 著
GUANDAN XINFA

责任编辑	彭伽佳
封面设计	陈 耀
出版发行	首都经济贸易大学出版社
地　　址	北京市朝阳区红庙（邮编 100026）
电　　话	(010)65976483　65065761　65071505(传真)
网　　址	http://www.sjmcb.com
E-mail	publish@cueb.edu.cn
经　　销	全国新华书店
照　　排	北京砚祥志远激光照排技术有限公司
印　　刷	唐山玺诚印务有限公司
成品尺寸	170 毫米×240 毫米　1/16
字　　数	147 千字
印　　张	12.25
版　　次	2022 年 6 月第 1 版　2024 年 4 月第 8 次印刷
书　　号	ISBN 978-7-5638-3347-4
定　　价	49.00 元

图书印装若有质量问题，本社负责调换
版权所有　侵权必究

序言

作为一位管理学教授，几十年都在研究品牌、战略、营销、公关、广告等软管理科学，出版学术专著、主编国家级规划教材、主编学术丛书等早已过百部，连自己都没想到会出一本掼蛋方面的书。究其原因，只有一个，就是喜欢。

2007年，作为政府高级经济顾问去江苏连云港，时任市政府副秘书长、政策研究室主任刘兆吉教授第一次向我介绍掼蛋，一学就喜欢上了这项游戏，此后便一发不可收拾。其实我从小就爱玩纸牌，桥牌、拱猪、升级、斗地主、大怪路子、中怪路子、德州扑克什么都会，但自从打过掼蛋，就再也没有玩过其他的。从林海雪原到天涯海角，从东海渔岛到戈壁沙漠，从新加坡到东京，从波士顿到温哥华，从西西里岛到普罗旺斯，从毛里求斯岛到内罗毕，从阿德莱德到斐济丛林，国内国外教会了上千人，走到哪里都有人陪我掼蛋，实乃幸事。

掼蛋的好处在于健康、性价比好、文明有益。第一是低成本，一张桌子四把椅子，两副扑克四杯清茶，可以玩上几个小时，消耗资源少，低碳环保。第二是高便捷，过去吃饭等人很烦，等的人着急，被等的人更急，现在只要凑够一桌人掼蛋，迟到早到根本无所谓，碎片化时间，两副扑克轻松解决。第三是超阳光，有些纸牌游戏不赌钱没法玩，掼蛋纯娱乐也让人乐此不疲。我打了十五年掼蛋，没有赌过一分钱，不伤感情，又很起劲，盖因游戏规则设计得好。第四是很普及，有些纸牌规则复杂、门槛太高、曲高和寡、学着费劲、牌友也难找，掼蛋好学易懂、入门很快，在江苏、安徽等地，如果人手不够，随便叫一位服务员、厨师，都能打两把顶一会儿。第五是健身体，动手动脑，注意力集中，逻辑讲究，创意丰富，我想对防治阿尔茨海默病一定是有所裨益的。难怪淮安将其列为非物质文化遗产，国家体育总局将其纳入群众体育项目。

掼蛋的价值在于交流，以牌会友，分享信息。如果是单纯的洽谈交流，恐怕很难一聊几个小时。但边掼蛋边聊天就不一样了，气氛放松、话题广泛、沟通深入、交流顺畅。我同时兼任上海长三角掼蛋俱乐部主席和深圳大湾区掼蛋俱乐部主席，两地共有近400位"蛋友"，基本都是上市公司董事长、各地商会会长、名牌大学教授、政府官员、海归精英、资本大佬、创业新锐、技术大咖等。有钱的没钱的，有学问的没学问的，官大的官小的，春风得意的失意落魄的都无所谓，只要喜欢掼蛋，都可以成为朋友。

2021年12月去淮安参加第五届中国掼蛋公开赛，与原淮安市体育局副局长兰国伟等一众积极推动掼蛋运动的朋友们一起交流，他们当中有人已出过该类书籍，有人写过系列文章，有人在建掼蛋博物馆和文化园，有人在尝试做产业化发展，有人创建了研究院，有人搞起了掼蛋协会，有人在与国家体育总局对接搞系列大赛，有人在做掼蛋段位评定——我深受启发，萌生了从更高的视角写一本掼蛋书籍的想法。2022年年初上海疫情反复，很多出差、论坛都推迟了，就抽空写了这本书。

首先是感谢太太，上海交通大学文创学院副院长、二级教授、国务院政府特殊津贴获得者薛可博士，是她极力鼓动我来写这本书，并提供了录入技术方面的大力支持，多年来一直包容我对掼蛋的爱好，其实她和女儿也都是掼蛋爱好者。感谢上海交通大学中国企业发展研究院院长助理陈治任对本书的文字处理、主题提炼与修订。

感谢与我联手搭档多年的马克鸣院长和伍品松董事长，我们一起默契地配合，多次在大赛中夺冠。感谢长期搭档的周红兴、沈国强、周海胜、王劲草、祝义材、刘兆吉等朋友。感谢卞勇、刘波、卢革胜、程直明、钟国伟、严健军、杨桂生、程亮、黄芳、吕恒中、王保禄、王文柱、姚瑶、张小刚、姚莉、周国洪、曹友谊、班涛、李旋、王小立、曹毅、董其良、钮建国、彭娟、朱启贵、夏立军、陈亚民、孙桂娟、王等五、闫安、黄中明、钱金耐、姜荣康、干国咪、陈立君、成立新、孙彬、桂菁风、陈轶、赵春彦、杨志云、袁海燕、吴步德、周正富、梁道成、胡桂根、李玉兴、盛正雷、郦海星、苏保洲、艾凡、张樟生、邹佳君、宋洪军、鲁峰、王铭、张祎德、胡刚锋、董烁名、刘创、吴野、邵安春、严肃、谢文强、王缤泽、熊咏鸽、居兴宏、袁岳、蒋尧鹏、张伟民、朱建霞、孙建方、王卫军、郁前程、汤司令、亢亢、冯玉臻、吴莜、舒咏平、姚曦、余彦波、李永飞、陈正土、赵春吉、宋先敏、陈章、刘钰、白正国、赵海波、李元根等各位朋友（排名随机），感谢这里没有一一点到名的曾一起切磋过牌技的朋友们。

本书能得以顺利出版，感谢淮安市体育局原副局长、淮安掼蛋协会主要负责人之一、《掼蛋竞赛规则》编写组组长、掼蛋运动的积极推动者兰国伟先生，他为本书提供了大量的素材，他对掼蛋事业的热情，深深感动着我。

感谢首都经济贸易大学出版社社长杨玲老师，她的眼光、魄力和雷厉风行的作风，令人敬佩。感谢责任编辑彭伽佳老师的付出。感谢年轻的老出版人任济先生。20年前，他曾编辑出版了多部我编写的书籍，还得了很多奖项。这次，他依然全情投入，给予我专业赋能。

听说苏州大学一位领导出版了掼蛋技巧与文化的书后被人指责为不务正业，我对这种指责不敢苟同。其实各学科有太多相通之处，功夫在诗外，功到自然成。当年清华大学物理系教授赵元任先生，哈佛大学物理学博士、担任过康奈尔大学物理系教授，但他非常喜欢音韵学，成为清华国学院4位导师之一。棋圣聂卫平喜欢桥牌，钟南山院士是体育健将，袁隆平院士喜欢小提琴，胡适教授和季羡林教授都酷爱打牌，当年浙江大学历史系著名教授毛昭晰，一直在给我们开音乐讲座，弘一法师李叔同更是在诸多领域都很有造诣。当然，我们难望先贤之项背，但一些有益的爱好，还是提倡的。

人生有一种境界是"五小四老"：小有钱财、小有事业、小有名气、小有特长、小有爱好，一个老来伴、几位老朋友、几处老地方、几个老故事。掼蛋便是很值得提倡的小爱好。习近平总书记说得好，"人民对美好生活的向往就是我们的奋斗目标"。愿掼蛋给更多人带来美好与快乐，也愿这本小书给掼蛋爱好者一些启示与帮助。

余明阳
于上海陋室想想斋
2022 年 3 月 25 日

目录

 **上篇 掼蛋之道**

2 一、价值：智慧、意志与情感愉悦
（一）人生价值的哲学思考
（二）纸牌中的人生哲学
（三）掼蛋的"知、情、意"

7 二、资源：挑战无序与有效整合
（一）资源生来即无序
（二）资源需要被善用
（三）资源的相对优劣
（四）资源的动态转换

12 三、修养：牌如其人与以牌会友
（一）为何"牌如其人"
（二）如何"以牌识人"
（三）做到"以牌会友"

16 四、心态：沉着冷静与出奇制胜
（一）胜负是心态的较量
（二）心态是制胜的法宝
（三）良好心态的培养

20 五、管理：理性清晰与感性创意
（一）研判与决策
（二）团队与合作
（三）氛围与文化

24 六、运气：顺势而为与逆势而动
（一）运势有好有坏
（二）顺逆交替相生
（三）关注心理暗示

27 七、风格：基本定势与适时权变
（一）牌风的定势
（二）牌风的权变
（三）牌风的互补
（四）牌风的研判

32 八、合作：信任、协调与优势互补
（一）实力是前提
（二）信任是基础
（三）协调是手段
（四）优势要互补

36 九、氛围：友善沟通与气场营造
（一）掼蛋初衷：享受娱乐与营造快乐
（二）友善沟通：话题选择与分寸把握
（三）气场营造：话题时机与观战氛围

39 十、自控：全心投入与进退有度
（一）成瘾性与全心投入
（二）两面性与进退有度
（三）平衡性与科学自控

中篇 掼蛋之略

44 十一、判牌：上等、中等、下等
（一）牌力的静态评估
（二）牌力的相对优势
（三）牌力的动态评估
（四）牌力的综合评估

49 十二、配牌：基本牌型与可变牌型
（一）配牌的牌型
（二）配牌的原则
（三）配牌的前提

53 十三、定位：合理的目标设定
（一）明确战略目标
（二）重视战略研判

57 十四、主角：攻势牌型体系
（一）确定主角
（二）适时亮剑
（三）主角转换

61 十五、配角：辅助牌型体系
（一）配角定位与目标
（二）辅助战略与技巧
（三）信息判断与传递

64 十六、记牌：必记牌与关键牌
（一）记牌是基础
（二）必记牌
（三）关键牌

68 十七、救牌：时机与方式
（一）救牌的要点
（二）救牌的时机
（三）救牌的前提

71 十八、阻击：痛点判断与执行
（一）防守是取胜的关键
（二）防守有损耗的代价
（三）防守需牌面的判断
（四）防守靠变牌的执行

74 十九、传递：信息真伪研判
（一）信息是决策的基础
（二）信息需真伪研判
（三）真伪与性格相关
（四）真伪与战略相关

78 二十、止损：效益最大化选择
（一）不同时间点
（二）一致性行动

 下篇 掼蛋之术

82 二十一、领出：先手的谋略
（一）先手的四种选择
（二）强牌弱打与弱牌强打
（三）己方收牌与对家跟牌

86 二十二、跟出：顺牌的艺术
（一）跟牌需要战略指导
（二）对手和对家的跟牌

89 二十三、炸点：稳、准、狠
（一）炸点的选择
（二）炸点的共识
（三）炸后的选择

92 二十四、百搭：激活精灵
　　（一）百搭何时用
　　（二）百搭怎么用
　　（三）他人用百搭

95 二十五、贡牌：资源重组
　　（一）进贡有规则
　　（二）还贡有讲究

98 二十六、变牌：性价比评估
　　（一）变牌的技巧
　　（二）变牌的评估

101 二十七、顶牌：防守的秘诀
　　（一）顶牌防下家
　　（二）顶牌前研判
　　（三）顶牌后放牌

104 二十八、诱诈：兵不厌诈
　　（一）动炸的节奏
　　（二）主动的示弱
　　（三）体势的语言

107 二十九、借风：能量传递
　　（一）留风的前提
　　（二）留风的方式
　　（三）对手的借风

110 三十、残局：精算与妙打
　　（一）残局的情形
　　（二）残局的技巧

◆ 附录

附录一　掼蛋起源 **114**
附录二　国家体育总局《掼蛋竞赛规则》 **125**
附录三　淮安与掼蛋 **173**
附录四　掼蛋专业术语索引 **182**
附录五　已出版的掼蛋书籍 **184**

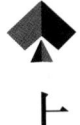

上篇 掼蛋之道

一、价值：智慧、意志与情感愉悦

（一）人生价值的哲学思考

千百年来，无数的哲学家都在思考，人生的价值是什么？这是一个庞大的哲学命题，也是困扰人类发展的十分重要甚至无法解答的一个问题。中国古训强调修身、齐家、治国、平天下，从某种意义上说，这正是人生价值的四个层次。

第一个层次是"修身"，包括自身智慧的提升、意志的磨练和良好情感的培养。当自身的内在修养塑造和社会阅历积累达到了这一点，就能够进入第二层次。

第二个层次是"齐家"，家是整个社会发展的细胞，因为更多的和谐家庭能够支撑和谐社会的产生，也为整个社会的安定与发展发挥作用。

第三个层次是"治国"，大到国家、小到团队，只要能够为整个群体的发展做出贡献，便是实现了更高的社会价值。

第四个层次是"平天下"，当然，这一层次并不是每个人都能做到，但做好了"修身""齐家""治国"，实际上已经为平天下做出了重大的贡献。

因此，人生的价值有很多层次，每个人处于不同的环境，拥有不同的禀赋，面临不同的机遇，成就各不相同。但有一条是肯定的，做一个对社会无害并且有用的人，这是人类生存的底线，也是修养的最基本要求。

我们通常把工作和生活理解为人生的两个重要内容，工作可以实现自我价值，为社会创造财富，为他人创造价值，同时也为自身的生活提供必要的物质保障与心理支撑。而生活本身也会产生对工作能力与自身心境的调节作用，良好的生活状态同样更容易激发积极的工作状态。

作为一位普通的老百姓，可能很少提及更多的人生理想、人生哲学，但有一条是最基本的：做一个对社会无害并且有用的人，对他人有所帮助，对社会进步有所推动，相信这一点绝大部分的人都做得到。当社会中绝大部分人能做到这一点时，实际上也为整个社会的发展做出了自己最基本的贡献。

（二）纸牌中的人生哲学

我们把人生哲学跟纸牌做一个联系。

我们现在常玩的纸牌起源于西方，一经发展便一直受到全球人民的喜爱。从某种意义上讲，纸牌是一种国际语言，是无国界的共同游戏。

人们通常把打牌理解为赌博，理解为堕落，理解为玩物丧志，其实这里的关键是一个度。首先，纸牌游戏必须在国家法律和伦理允许的范围内进行，因此杜绝赌博、防止玩物丧志是必要的。但是人类毕竟不是机器，人有七情六欲，有各种生活的需求，如果把人类简单理解为生产工具、工作机器，那么不但丧失了人类的生存价值，也丧失了自身情感的乐趣。适度的游戏、适度的娱乐对人的身心健康、能力提升、意志磨练都是有意义的。只要掌握好度，纸牌同样能为人各方面素质的提升提供重要的帮助，也为人与人之间的沟通交流提供了非常好的平台、手段和方法。这便是纸牌的魅力，也是千百年来纸牌一经面世便一直为人们所喜爱的原因所在。

纸牌的游戏很多，比如说桥牌，它是能够进入竞技体育比赛的重要纸牌游戏。但桥牌的技巧手段较为复杂和深奥，这也是导致它很难被广大老百姓所接受和普及的一个重要原因。

一个好的纸牌游戏必须具备以下几个条件：

一是能被大家很快学习接受，换句话说，它的入门门槛比较低，比较容易学上手，也比较容易找到伙伴和对手来共同娱乐，不是一种曲高和寡的游戏，是一种普通百姓接受的娱乐方式。

二是纸牌游戏本身的魅力足以使人忘却利益诉求，换句话说，这个游戏最好是不赌钱也能玩得很开心，而这一点很多的纸牌游戏都难做到。比如说斗地主、德州扑克等，类似这样的游戏，如果没有赌博或者物质的奖励，这些游戏本身是缺乏魅力的，也很难玩得下去。

三是一个好的纸牌游戏必须具有一定的群众基础，能够被大家广泛接受，并形成某种共同的喜好，形成一定的喜好群体。只有这样，这种游戏才有生存的价值，才有存在的意义，才有发展的基础。

综上所述，一个好的纸牌游戏需要既满足于趣味性，又满足于经济性，同时具备良好的社会性。

（三）掼蛋的"知、情、意"

我认为掼蛋这一项纸牌游戏就很好地满足了以上三个条件。

掼蛋集中了很多的打法，把斗地主、四十分、跑得快、争上游、双扣、大怪路子、中怪路子等在老百姓当中已经有了良好基础的玩法都结合起来，并给予整合和提升，构成了独特的游戏规则。而与以前的一些纸牌游戏相比，掼蛋的变化更多、技巧性更强，相对来说对牌局运气的依赖更少一些。同时掼蛋的游戏规则本身使得它即便没有赌博和物质上的奖惩，也同样具备很强的魅力。

掼蛋从江苏淮安起步，在江苏、安徽、上海等地已经有了良好的群众基础，全国其他地区也有大量拥趸，所以它已经有了良好的社会基础。对于个人来说，能够锻炼人的智慧，无论是记牌还是算牌，无论是配合还是节奏的应用，都充满智慧的光芒。

掼蛋也是一种意志的磨练，往往出现很多绝地反击、置之死地而后生的案例，它能磨练人的意志，锻炼人的心理素质，让人更加冷静、更加理性、更有信心。这是一种心理的训练，也是一种意志的磨练。

当然，热爱掼蛋的人都能在掼蛋游戏中获得良好的情感体验。一个经典牌局中一次良好默契的配合，一个绝地反击的案例，一次死里逃生的体验，都能让人产生强烈的情感愉悦，其中分泌的多巴胺对人类的健康也会产生良好的效果。

从群体角度来说，掼蛋是人与人之间很好的一种交流方式、平台和工具。有人开玩笑说，一个人不抽烟，不喝酒，不打牌，可能就没有朋友了。这句话虽然有所偏颇，但有一定的道理，因为抽烟、喝酒、掼蛋从某种意义上讲都是交际的平台和方法。人们只有在交际当中才能增加了解，增进友谊，增强彼此的信任。

比起抽烟、喝酒，掼蛋这样的纸牌游戏相对会更健康一些。几个朋友聊五六个小时的天，大家可能会很有压力。因为如果没有实质性的合作，一般的朋友聊天要用五六个小时难度很大，压力不小。人们通常会觉得聊到后来索然无味，甚至出现尬聊这样的现象。但是在掼蛋的时候，五六个小时很快就过去了，人们在打牌的过程当中可能会激发出很多的灵感与想法。在这种轻松快乐的氛围中，可能会迸发出很多思维的火花、创业创意的灵感，以及产生对对方更深度的了解。

当然，我们说凡事都有度，任何一种爱好如果到了痴迷的程度，它一定会产生某种副作用，这也是毋庸讳言的。但是我相信掼蛋作为一种游戏，一定是利大于弊，一定是具有广泛的社会价值和推广意义的，它目前被社会所热捧也很好地证明了这一点。

德国大哲学家康德把"知、情、意"作为人类的三要素。我们说人是一个具有多方面需求和多方面功能的高级动物。掼蛋从某一方面来说，既为人类的能量积累提供了方法和手段，也为人与人之间的交往提供了平台和工具，所以它是值得提倡的一种运动。正因为这样，国家体育总局才把它作为群众体育当中的一项内容。记得 20 世纪英国著名的哲学家罗素曾经说过："你能在浪费时间中获得乐趣，就不是浪费时间。"

所以我们说掼蛋是个人提升的工具，是人际交往的平台，也是促进社会和谐的有效手段。

"心法"金句

偏见来自无知。

——（英）威·赫兹里特

二、资源：挑战无序与有效整合

（一）资源生来即无序

即便你有几十年的掼蛋经验和经历，拿到的每一副牌也都是不一样的。一个人要拿到完全相同一副牌的概率是极低的。如果参与娱乐的四个人拿到的牌和曾经打过的牌一模一样，这种概率在人的一生当中几乎不可能产生。

这也隐喻了一个现象，我们每次面对的资源都是不一样的，每次面临的挑战都是全新的，每次碰到的都是无序的资源和未知的环境。这是对人类的挑战，也是人类生存的价值所在。

（二）资源需要被善用

当你拿到一副牌以后，就需要对自己的资源进行有效的研判。这其中有优质资源也有劣质资源，有稀缺资源也有冗余资源，有好资产也有负资产，有决定成败的胜负手也有拖累发展的核心软肋。所以掼蛋的第一步实际上是对资源的盘点和整合。

有句名言说，垃圾是放错了地方的宝藏。在这个地方是垃圾，换个地方可能就是宝藏。这在掼蛋当中体现得非常明显，实战中有很多这样的案例：一张小牌通常情况下可能成为拖累或负担，但有的时候就是靠这张小牌在残局当中出奇制胜。

因此，掼蛋高手重要的能力是把无序的资源变得有序，把无效的资源变得有效，把每一项资源用到极致。

实际上从概率论的角度来说，牌出现的概率和好坏运气没有根本上的差异性。尤其打牌时间长了以后，所有人拿到好牌的机会和坏牌的机会都差不多。所以我们可以这么说，有些牌是必胜的，随便你怎么打对手都很难翻盘，因为你有绝对的牌力优势；有些牌是必败的，因为你的牌力跟对手相比相差甚远，即便有再好的技巧，也无法战胜对手。

所以通常说三分靠技术，七分靠运气，有一定的道理。决定牌局最后成败的就是那些可胜可负的牌型，在牌力基本相当或者相对接近的情况下，这个时候资源的应用能力便决定了牌局的成败。实战当中我们见过很多占有六成以上牌力优势的一方，最后让对手抢了头游。

在掼蛋当中，争头游是硬道理，有了头游就意味着已经获得了胜利。其重要原因可能就是取胜的一方把全部的资源堆积在一个人身上，完成了突围，取得了成功。

所以高手在掼蛋时，尤其在牌力相当的情况之下，很少做跳打性的打法。比如说上家出张小牌的时候，直接用大鬼小鬼或者将牌去顶，就是这个道理。因为这样的牌力消耗从某种意义上就是把你的优质资源和敌方的劣质资源对冲，尽管你可能获得一次出牌权，但实际上牌力损耗很大。甚至我们很多初学者经常习惯于把单牌打完，尽管你在单牌上有很多的优势，但当你的大牌都打完，敌方开始出小牌的时候，你就会非常尴尬和狼狈。最后把牌拆得四不像，把优势变成了劣势，这就是不会运用资源的表现。良好的资源整合能力是一个掼蛋高手的必备条件。如果不会对有效的资源进行运用，那么要打好一副牌是很难的。

（三）资源的相对优劣

资源的优劣势是相对的。

好多人认为我这次有四把炸弹，或者有两个大鬼，我的牌力就很强了。实际上，从牌的构成来说，通常会出现这种现象：当你的资源强大的时候，你敌方的资源可能同样强大。按照集聚效应来说，你的四头炸比较多，其他人的四头炸也会相对比较多。因为牌会相对集聚，所以资源的优势和劣势是在比较当中产生的。

你的成功往往在于比你的竞争对手多一点点优势。

所以，怎样把这种优势转化为胜势就显得非常重要。当你拿到一副好牌的时候，当你拥有一手好资源的时候，千万不要骄傲自满，得意洋洋，自以为是。山外有青山，没准你的对手同样拥有一副好牌，所以要心怀敬畏，要怀着敬畏之心来对待每一次出牌，看待每一次资源的组合和应用，保持自己的资源优势。持续的资源优势，最后便会转化为这一局牌的胜势。

有位掼蛋高手曾经说过，如果双方的炸弹差不多，我单牌的优势非常明显，那我的方法就很简单，不断地打单牌。如果对方开炸，我就把它炸掉，继续打单牌。对方大牌顶，我用比他更大一些的牌来压住他。当大牌兑完以后，我的大牌一定会比对方的大牌多，我的牌力一定会比对方的牌力强。既然我打单牌，你打不赢，我干吗打别的牌？

这句话是有道理的，实际上就是牢牢掌控自己的资源优势，通过持续的资源兑换，保持动态优势，直到最后胜出。

（四）资源的动态转换

对资源的分析和对资源的应用是掼蛋必须思考的哲学问题。资源不光是相比较而存在，也是在动态中转换，优质资源用不好就会变成劣质资源。比如说鬼通常是优质资源，但是实战中很多情况下，就是因为有张大鬼或者有张小鬼没有打出去，多一手牌而输牌。有时候很好的牌，因为牌型结构的差异，导致优质牌变成了劣质牌，这就是优质资源劣质化的动态转换。

有时候劣质资源也可以转化为优质资源。当很多大牌打完以后，像10、J这样看起来是负累的牌，有时候也会成为胜负手。实战中经常有靠着一张不大的牌，最后抢得头游的例子。

有时候三不带这种牌型可能是劣质资源，因为从概率上来说，三带二的概率要多得多，通常对子应该会比三不带要多。但有时候在实战当中正好敌方不断地攻三不带，那你三不带的牌恰恰成为优质的资源，成为决定这局牌输赢的胜负手。

所以我们要客观辩证地看待资源，有效合理地运用资源，科学理性地整合资源。初学者经常拿到一副牌以后开始埋怨，说手气不好了、运气不好了、这段时间很衰了，事实上这是大可不必的。海有潮起潮落，人有顺境逆境，这些都是非常正常的，都是上天对人的一种考验，或者说是一次对你智慧的挑战。

我们需要的是面对某一种资源以后的战略抉择。这种战略抉择取决于对信息的把握，对牌局的研判，对对家和对手的实际分析，从而确定资源的配置和资源的应用。

赢牌源于资源的良好运用，输牌源于对资源的浪费。所以我们需要对每一张牌、对每种资源都足够珍惜，让它用在最合理的地方，发挥应有的作用，产生最好的效果。

只有这样，才能把牌打好、打精、打出水平来。

"心法"金句

垃圾是放错了地方的宝藏。

三、修养：牌如其人与以牌会友

（一）为何"牌如其人"

有人开玩笑说，你要找个女婿或者交个朋友，最好的方法就是跟他一起打一次牌。因为在牌桌上可以暴露出他本原的脾气、性格与修养，这句话是有一定道理的。所以我们通常说牌如其人。

人们在正常的社会交往中通常会表现出足够的涵养，举止彬彬有礼，语言收放得体，态度温文尔雅，举手投足表现出良好的职业规范和职业素养。但是在娱乐的情境之中，人们通常会更放松自己，其表现出来的特点更反映出这个人的本原特征和性格特点。所以牌桌上能很好地反映出一个人修养的真实状态。

（二）如何"以牌识人"

第一，我们看他对自身牌资源的态度。

有些人拿到一副牌以后就开始埋怨，或者开始沾沾自喜。不是怨天尤人的郁闷，就是小人得志的嘴脸，实际上这便反映出这个人身处顺境和身处逆境的人生态度。当你面对某种环境，手握某一资源以后，你的心境、心态和处事态度，真正反映出你在不同的状态与境遇之下会有怎样的表现方式。

第二，我们看他对对家的态度。

两个人之间的合作，所拥有的资源不一样，人生履历不一样，思考方式不一样，对牌局的研判不一样，确定的战略不一样，这种差异性是非常正常的。实际上，在掼蛋娱乐中，也正因为这样的差异性，才使得掼蛋在娱乐中产生出无穷的魅力与乐趣。彼此之间有默契，彼此之间有分歧都很正常。站在不同的角度来思考问题，手握不同的资源来确定战略，这种差异性是非常能理解的。

但是我们有些牌友习惯于对对家指手画脚，习惯于以自我为中心，要求对方牺牲，要求对方配合自己，这不应该是对他人的态度，对战友的态度，对合作伙伴的态度。一个具有合作性的人，一定是君子和而不同，保留共同点，包容差异性，这才是人与人之间的合作之道。

牌技有高下，打牌的时间有长短，对牌的理解有差异，这些都不应该成为指责对方的理由。良性的提醒是好的，是善意的，对对方的提升也有帮助，这是必要的。但是无端的指责就要不得，这种指责有些是没有道理的，有些有一定道理，但是彼此的理解不一样。有些在对方缺乏对你牌型了解的情况下根本无法判断，这种指责毫无道理。而这样的指责只会破坏场上的气氛，影响对方的心境。要知道，你的对家是不会乐意把牌打坏的，都是希望赢牌，希望取得胜利、合作成功。对于很多牌型的打法，只不过是理解上的差异而已，过多指责会破坏合作，尤其对初学者，过多的指责更让对方乱了方寸，在配合当中，技术走形，思维混乱，所谓越骂越差，越指责越混乱，这是合作时的大忌。

第三，我们看他对对手的态度。

对手是牌友，是互相切磋和交流的伙伴，在切磋交流当中增进友谊。很多人对对手无端指责，无理干预，彼此之间剑拔弩张，整个氛围受到很大的破坏，这是牌局中的大忌。要充分尊重对手，我们倡导在掼蛋游戏中互相调侃这样的良好氛围。但是调侃跟讽刺和挖苦是两码事，调侃是友善的，讽刺和挖苦是恶意的；调侃是对方能接受的，讽刺和挖苦是对方不能接受的；调侃能使得气氛越来越和谐，讽刺和挖苦则让气氛越来越紧张、越来越恶劣。所以，一个具有良好修养的人一定是充分尊重对手的人，甚至是为对手打出来的好牌喝彩的人，这样的人有气量，有胸怀，是一个能干大事的人。

第四，打牌中的副语言和信息传递。

打牌是一个综合游戏。打牌当中有表情，有手势，有动作，这些表情、手势、动作不是语言，但是它们能传播信息，这样的信息同样是要求友善的。有些人喜欢拍桌子，有些人喜欢敲桌子，有些人喜欢不断地发出各种莫名其妙的声音，这种做法在牌桌上通常被大家所鄙视，也反映出一个人修养的不足。

第五，作弊行为。

当然，我们这里所说的作弊语言有点过重，实际上在实战中，作弊现象还是很普遍的。这种作弊包含几方面的内容：一种是明示，好多人用语言、用手势表现出自己想继续出牌，让对家不要接牌。有些人甚至明示或者暗示这个牌处理掉以后，我是不想接的，希望对家能够把它接过去，有的时候希望对家来救自己最后一手牌。这些方法都是典型的作弊行为。

还有一些作弊行为，包括在比赛当中彼此之间独有的暗号。比如说通过某种牌型的排序告诉对方自己有多少炸弹；比如说通过坐姿和把牌扣在眼前，表现出自己不想要了或者想要牌。这些做法是非常恶劣的行为，不光在比赛当中是会被取缔资格的行为，而且在日常娱乐当中也会被人们鄙视。所以我们说，道不同者不与为谋，以牌会友，是真正有意义的高层次纸牌享受，是在彼此涵养都很好的情况之下一种非常友善的氛围。

（三）做到"以牌会友"

凡是竞技比赛，一定会有胜负，凡有胜负，一定会产生情绪上的变化，这是正常的。一个人没有求胜心切的心理需求，那么这种牌可能就是一种公关牌，是为了讨好对手，或者说出于某种具体的实际目的，这样的娱乐其价值也就丧失了。

竞争应该是在友好的氛围之下，是在充分尊重对手的情形之下，即便在真正的军事冲突当中，人们通常也会对敌方的俘虏和阵亡将士给予礼遇，这是人道主义的做法，闪烁着人性的光芒，体现了人最基本的修养。在火药味十足的军事战场上尚且如此，作为日常娱乐的掼蛋游戏更应该做到。

所以我们倡导文明的打牌方式，彼此理解，尊重对手，规范言行，语言幽默，温和调侃，而不是讽刺、挖苦和言语刺激。唯有这样，掼蛋游戏才有强盛的生命力，才能为社会的良性发展注入正能量，传播有效价值。

一方面我们可以通过掼蛋来了解一个人，另一方面我们也希望通过掼蛋中的修炼来提升自身的修养。我们也建议更多地与志同道合的朋友来切磋技艺。

牌技有高下，记忆力有好坏，手气有顺和不顺，这些都正常。但不管怎么样，不要伤了和气，不要失了风度，不要丢掉人性的光芒。

四、心态：沉着冷静与出奇制胜

（一）胜负是心态的较量

掼蛋比赛是一种实力的比拼，是一种技巧的切磋，也是一种心态的较量。我们面临着不同的资源，我们会碰到种种挑战，我们预先确定的战略实战中需要不断修正改变。

这些都考验着人们的心态。

良好的心态能使人产生清晰的记忆和精准的判断。只有心态沉着冷静，才能把牌记得很清楚，才能做出实时、理性、客观的判断，才能做出有效的决策和积极的应对。所以，心态在整个掼蛋过程中是至关重要的。

实战中，我们发现很多人在顺风牌的时候，心态很好，技术动作流畅，思维方式清晰，分析得头头是道。但一碰到逆风牌就开始思维混乱，战术走形，完全没有应有的技术含量和专业风采，这就是心态导致的。

（二）心态是制胜的法宝

所谓沉着，便是碰到任何问题，都应该做更深入的思考。有的时候你的牌不好，你对手的牌可能更差，你可以通过沉着的态度来客观理性地分析对手的情况。也有的时候你的牌不好，对家牌可能非常好，沉着的态度能够让你很好地配合对家，最后帮助对家取得成功。

冷静是一种理性科学的态度。所谓理性科学，就是告诉我们，任何牌都是有规律的。掼蛋108张牌，自己手上27张，外面81张，打过的牌就不会再重复出现，消耗的资源就不会再重新拥有。冷静能让我们理性地来分析牌局，分析残局，分析对家的牌和对手的牌，从而及时地做出有效的应对。

实战中当你拿到一手烂牌的时候，最后恰恰你取得了头游，很大程度上可能是因为你一直保持着非常好的牌型，你的牌型具有韧性，具有可变性，能适应不同的情况。有的时候你可能没有炸弹，但是对手出来的任何一张牌、任何一手牌你都能顶得上去。当对手的炸弹用完以后，你的牌型优势就充分发挥出来了。因为你知道了对手和对家分别是什么样的牌型，就可以有效地利用你牌型的灵活性来出奇制胜。

当牌很顺的时候，也不应该在心态上过于洋洋得意。有的时候牌型的分布通常是你好别人也好，或者说你好别人更好。你有四把炸弹，对手有五把炸弹，这种现象在实战当中比比皆是。心浮气躁地来应用自己的资源，到最后把你仅有的一些优势消耗掉以后，就会处处被动，处处挨打。

所以，对待每一副牌都应该沉着冷静：沉着地思考，冷静地分析，沉着地判断，冷静地应对。只有这样才能变劣势为优势，变优势为胜势，持续动态地保持灵活性，保持对牌局的掌控能力，保持对对手的压迫能力。

所谓出奇制胜，是建立在沉着冷静基础之上的自然结果。任何一手好牌都有其软肋。通常一副牌如果六到八手能够走完是非常好的牌，通常九到十一手能走完的牌是中等的牌，如果要十二手以上才能走得完的牌，这个牌的牌力相对较弱。但是更多的情况下，哪怕七八手能走完的牌，他的炸弹可能也只有两到三把。更多的牌需要通过顺牌来完成，这跟牌型就有非常密切的关系。

我们经常看到"一路小对打得你憔悴"这样的现象，就是不断地攻对子，而对子可能恰恰是对方的软肋，把对子打透让对方所有的能量都消耗在某一种牌型上，最后你通过某种优势牌取得出奇制胜的效果，这和沉着的分析、冷静的判断都有着非常密切的关系。

实战中，心态不仅为资源的研判和牌局的研判提供了重要的支撑，更为记忆带来重要的支撑。在心态良好的情况之下，记牌清晰。我们说信息是一切决策的依据，这也是为什么掼蛋的时候，每个人都不能把牌摊开来而要捂起来的魅力所在。如果把所有的牌都摊开来打，可能就是另外一回事了。从某种意义上讲，你记牌记得好就会有巨大的优势，因为你的牌对对方来说是黑箱，对方的牌你都了如指掌，一清二楚。这时候你的战略选择就会非常明确清晰，战略应对就会非常精准有效。

我们说海有潮起潮落，有好运坏运非常正常，保持一颗平常心，拥有良好的心态，才是战胜各种挑战的法宝。

你可能上一把牌没打好，对家可能没有配合你做出同样的战略选择，你可能错过了一个非常好的变牌机会，你可能在组牌当中出现了研判失误，这些现象在牌局上是非常正常的。

人非圣贤，孰能无过，打错牌对每个人来说都有，即便对于顶尖高手来说，失误也在所难免。研判上的差异更是司空见惯，习以为常，这些都不应该成为影响心态的因素。如果因此心浮气躁，那么必定很难赢牌。

良好的心态能够让你的牌力增长三分，心态是取胜的重要因素。

（三）良好心态的培养

那么，怎么来培养良好的心态呢？

第一，感恩牌友。无论是对家还是对手，大家能在一起掼蛋就是一种缘分，说明自己人缘不错，大家乐意跟你一起玩。因此，一起坐在一张牌桌上就是一种幸运，一种认同，一种志同道合。人生就是一个过程，这个过程由分分秒秒组成，一生之中，有部分的分分秒秒跟这一群人一起度过，难道不是值得珍惜的缘分？有了这样的认知，你对对家、对手便有了不同的心态，便会更加珍惜对家、尊重对手。

第二，包容失败。凡竞技，必有胜负，胜负乃兵家常事。如果只有胜利才能带来心态上的愉悦，那么你一定要承受失败带来的心态上的创伤。事实上，有些牌力太弱的牌，失败是必然的，本该双下的牌，能跑掉一家就是胜利。即便真输了，把牌技战术充分发挥出来了，谋事在人，成事在天，也就没有遗憾了。有这样的理解，你就可以拥有良好的心态、积极的心境、健康的心理。

第三，承认不足。即便是顶尖高手，也有发挥失常的时候，何况高手在民间。每个人的能力都是有限的，掼蛋过程实际上也是向对家、对手学习的过程，在切磋中学习他人之长，汲取经验教训，便能补齐自己牌技上的短板，使得自己的水平和能力有所提升。

通过上述三点，便能更好地调整心态，有了良好的心态，不但能提升牌技，也能更好地享受掼蛋过程中的乐趣。

五、管理：理性清晰与感性创意

（一）研判与决策

我在名牌大学商学院工作多年，无论是担任领导职务还是课程教授，我都鼓励我的学生们学习掼蛋和实践掼蛋。这不光是因为我喜欢掼蛋，更重要的是，我认为掼蛋当中充满着管理学的思想和精髓。

学管理的人都知道，任何市场行为首先要做市场的研判。管理学当中最基础的工具像 PEST 分析、SWOT 分析，前者更多地强调政治、经济、文化、科技等环境因素，后者更多强调的是优势、劣势、机会、风险等微观因素。不管哪种分析，都是对资源的有效研判，这种研判是进行战略决策的基础，有了研判以后再来制定战略目标。

我们说，任何战略都是建立在对环境和资源研判基础之上的一种选择。选择是一个舍得的过程。舍得舍得，有舍便有得；在舍弃当中得到，在放弃当中获得。

管理学中的大量实战告诉我们，很多企业的失败就在于战略制定的错误。有些企业败于盲目的扩张，最后资源无法支撑，导致资金链断裂，导致顾此失彼；有些企业败于决策的失误，环境的变化、科技的创新、消费的迭代都会对市场构成巨大的挑战，这些都是企业决策的基础。

对资源和环境的研判以及相应的战略决策，对掼蛋来说同样适用。

掼蛋需要确定环境资源和战略定位，这种确定必须是理性清晰的。所谓理性，就是客观地知道优劣势；所谓清晰，就是取舍得当。以变牌为例，有些初学者拿到了百搭牌以后就不会打牌了，尤其是拿到两张百搭就更不会打牌了。为什么？因为变数太多，一会儿想这样变，一会儿想那样变，到最后两个百搭根本无法发挥作用，只能功亏一篑。究其原因，就是你的战略不明确，思路不清晰。

战略当中的权变是必要的，但权变的基础是对资源和环境的精准的研判和战略把握，同时需要有一定的明确性和稳定性。有时候的确需要权变，但是权变是有前提、有条件和有分寸的。无序的变化和过多的变化都会导致战略的高度不确定性。这种高度的不确定性会导致企业在发展当中要么错失良机，要么盲目推进，最后导致能力和愿景不匹配。也就是说，战略资源无法支撑战略目标，最终导致失败。

（二）团队与合作

从管理学角度来说，除了环境资源与战略决策以外，团队合作是企业成功的重要因素。毛泽东同志教导我们说，政治路线确定以后，干部是决定性的因素。

我们知道，人是一切社会关系的总和。人在企业发展当中是最能动的要素，所以彼此的合作显得格外重要。当你拿到一手并不太好的牌的时候，就需要努力来帮助对家，做好配角，要敢于牺牲。这种牺牲是必要的，这种牺牲能换来最后的胜利。因为如果对家能拿到头游，那么你们就已经赢了，所以团队合作既能给对方足够的信心，又能转劣势为优势，反败为胜。

这样的合作在企业发展当中又何尝不是如此呢？企业是一个群体，是一个团队，在群体和团队当中，每个人都扮演着不同的角色。有人说战略是方向盘，决定发展的方向，财务是油门，保证正常的运作，营销是发动机提供动力，内控系统是刹车，能够防范风险……大家合作共同构成一辆完整的能够行驶的汽车。

掼蛋同样如此。掼蛋当中的彼此配合既能够集中优势兵力打歼灭战，在相对劣势当中取得胜绩，又能在合作中得到无穷的乐趣。在实战中，很多打牌的搭档通常是固定的，这种固定的搭档好处就在于彼此对对方的牌路非常熟悉，能够读懂对方的出牌语言。当有了这样的默契，各种配合就能层出不穷。甚至当你明确知道对家什么牌型的时候，对家可以放心大胆地留一手最后的牌等待你去救助。如果没有这样的默契，大家都站在自己的角度来思考问题，那么就会变成一种内耗，变成资源的损耗，并且无法形成有效的合力，在一定程度上也会破坏彼此之间的信任。所以老搭档之间的打法和新搭档之间的打法通常会有些差别，这个差别就是建立在对对方的判断和信任的基础之上。

（三）氛围与文化

同样，管理强调企业文化，企业文化是氛围，企业文化也是资源。这种氛围和资源在掼蛋当中表现为牌局中的气氛。在良好的气氛之下，人们的潜能能得到充分的发挥，各种技巧能够得到熟练的应用，漂亮经典的牌局能够层出不穷地诞生。这是掼蛋的魅力所在，也是掼蛋带给人们极大乐趣的原因所在。

我在与 EMBA、MBA 和企业家培训班同学们交流的时候，都倡导在他们的企业里形成良好的掼蛋文化，告诉他们在掼蛋当中感悟管理的真谛：

因为不赌钱，所以它是健康的娱乐；

因为设计得很有趣，所以人们乐于参与，乐意来玩；

因为这里面有竞技体育的胜负，所以能激发团队的求胜欲和上进心；

因为需要对环境和资源的研判，所以让所有员工都能盘点优劣势；

因为需要明确的战略指导思想，所以让每个人都能从战略上来思考问题；

因为需要配合，所以能够培养大家的团队精神；

因为需要良好的氛围，所以大家能够感悟到企业文化的价值。

同时，两副扑克牌、一张桌子、四张凳子，团建成本非常低；一打牌就几个小时，所以沟通的深度非常显著。因此，我认为掼蛋是一个非常好的团建项目，也是企业文化建设中非常好的手段和方法。

"心法"金句

发上等愿，结中等缘，享下等福；

择高处立，就平处坐，向宽处行。

——左宗棠

六、运气:顺势而为与逆势而动

(一)运势有好有坏

人们通常说三分技术七分牌,对实在很差的牌而言,再厉害的高手想打赢也很难。所以掼蛋当中充满着偶然性,充满着运气成分,这是必然的。这也是为什么经常新手会取胜、高手会落败的原因,是掼蛋游戏的乐趣所在。

如果是象棋、围棋这样的竞技比赛,高手和初学者之间的较量没有任何悬念,可以说初学者几乎没有任何取胜的可能性。就像一个成年人跟孩子在拳击台上比赛一样,不是一个档次,很难真正过招。

但掼蛋不一样,掼蛋的偶然性和牌运的好坏恰恰决定了掼蛋的魅力,凸显出掼蛋独有的优势和风采。正像足球比赛一样,足球比赛中我们经常能看到弱队打败强队的例子,我们也能看到球风相生相克的现象;比如说有些球队非常害怕密集防守,有些球队特别害怕贴身的逼抢或者比较粗放的球风;再比如说有些球队非常害怕防守反击,例如遇到像意大利队这样的铁壁铜墙大后方就很痛苦,因为意大利队经常可以在控球率很低的情况下靠一两次防守反击出奇制胜。

牌运的好坏对掼蛋来说的确是客观存在的。好多人说一次牌没打好,后面好牌就不来了,牌运是越来越衰。有的人甚至非常迷信,认为哪个时辰一过以后手气不再好。这里面有没有规律，存不存在某种人类无法控制的因素，这个问题我们留给宗教学家和哲学家们去思考。

（二）顺逆交替相生

比较理性和现实的做法就是顺势而为与逆势而动。

当出现顺势牌型的时候，一定要不骄不躁，心存敬意，认真处理好每一个细节，务必把该得分的机会全部抓住。能打对手双下的一定要拿下双下，够控制头游的一定不能让对手占据上风，从而把必要的得分机会统统抓住，为整局牌的胜利奠定良好的基础。

但是好花不常开，好运不常来，时间长了，你不可能指望一直一帆风顺，打逆境牌也是很正常的事情。有的时候甚至连续几把没有炸弹，牌又不整，没有任何优势。这样的苦恼，相信所有经常掼蛋的人都经历过。正像人生一样，既有高光时刻，也有至暗时分。高光时刻要谦虚，要谨慎；至暗时分要充满信心，要有不屈不挠的精神。

（三）关注心理暗示

当出现持续逆境牌的时候，可以用些相应的方法。比如说短暂休息，比如说换种自己不太习惯的补牌方式，甚至打一些非常规的牌来改改运。这里面到底是运气的成分还是心理暗示，我想留给心理学家们去研究，但实战当中的效果是很好的。这样的过程是能够改变原有的资源布局，产生不同的心理期望和心理暗示。

心理学上有一个非常重要的理论叫皮格马利翁效应，讲的就是心理暗示通常会对现实的存在产生影响。打顺境牌的时候，要有比较冷静的态度；打逆境牌的时候，需要有更加激情和信心满满的表现。唯

有如此，才能够运行好顺境和逆境这样的转变，让逆境转化为顺境，让顺境能够一直持续。

打逆境牌也是对牌坛高手的一种考验。真正的顶尖高手能够宠辱不惊，每逢大事有静气，能够沉得住气，能够顶住压力，能够尽快走出逆境。这既是对意志的磨练，也是对心理的考验。

从概率论的角度来看，牌的顺和逆从分布上讲在概率上是大致相同的，关键是把握好顺境带来的机遇，接受逆境对你的挑战。

顺境牌打胜了，逆境牌取得小小的成绩，比如说不要双关，不当下游，不要进贡，这些都是小小的进步。而这些小小的进步会带来强烈的、积极的心理暗示，这种积极的心理暗示会让你更有信心去打好下次牌。

冬天来了，春天还会远吗？

"心法"金句

　　黑夜给了我黑色的眼睛，我却用它寻找光明。

——顾城

七、风格：基本定势与适时权变

（一）牌风的定势

每位牌手都有自己的风格。

以乒乓球运动员为例，中国顶尖乒乓球高手中有以进攻为特点的球手，而且通常前三板就能置人于死地；也有以防守为特点的选手，他们韧劲十足，就是打不死。足球场上更是如此，有攻城拔寨的前锋，也有专门干脏活累活的清道夫，有边路助攻的快手，也有定海神针的防守。

掼蛋也一样，每个人的牌风和打牌习惯都不一样。通常来说，掼蛋人的风格基本有三类：

第一类是进攻型选手。他们的特点是冲锋陷阵，一马当先，表现出来的风格是彪悍、强势，充满攻击性。这种选手的优点是不惜力、不保守，他们的座右铭是能抢头游就是胜利。他们的缺点是通常勇猛有余，智慧不足，前面资源消耗多，一旦受阻，后劲不足。

第二类是稳健型选手。他们的特点是很有大局观，不冒进，忍耐力强，韧性十足。他们通常头脑冷静，残局处理细腻，配合能力较强。他们的缺点是畏首畏尾，作风保守，行动迟缓，容易错失良机。经常当他们准备发力的时候，已经为时晚矣，到最后功亏一篑。

第三类是平衡型选手。他们通常根据牌型资源的强弱和最佳的战略来确定自己的角色。他们能攻能守，攻守平衡。他们有时候冲锋陷阵，有时候稳坐钓鱼台。这类选手的优势在于他们可以根据自己的资源来做相应的变化，掌控全局能力较强。缺点是他们的风格往往不定型，给对方传递的信息会比较混乱，对方配合起来难度比较大，尤其是两位很少搭档的陌生选手一起合作的时候，容易让对方无所适从。

我们说牌风跟球风一样，从某种意义上讲没有好坏之分，要根据资源和实力的情况进行研判。当然，总体来说肯定是第三种选手比较平衡，技术比较全面，也比较符合掼蛋实战的牌力分布情况。

（二）牌风的权变

每一位选手的风格跟他们的性格有着非常密切的关联。有的人性格急躁、处事果断；有的人性格内敛、优柔寡断；有的人性格不显著，风格不明显，这些都很正常。一个人的牌风一旦成形，往往成为他的基调，这种基调在实战当中会产生显著的效果。

我们通常会看到两个经常搭档的合作伙伴，往往一个人拼命地冲，另外一个人控制残局收尾，彼此之间优势互补，合作得天衣无缝。当然，我们也看到，有时候两位选手都喜欢冲，一时之间你争我夺，最后资源损耗很大。我们通常也看到有时候两个选手都喜欢稳健，最后两个人双双因出手太晚而错失良机。

所以我们提倡的是在基本定势不变的情况下做适时的权变。一个人的性格是很难改变的，大都因多年的履历，甚至生理神经系统的特点决定了其特征。如果让一位选手一直不按自己的性格来运作，他会很不习惯，甚至难以得心应手，往往畏首畏尾。但是风格过于固定，一定不是一个顶尖牌手的作风。作为一个顶尖高手，应该是攻守平衡，应该是大象无形，让对手难以琢磨。

我们知道三国演义当中的空城计，诸葛亮生性谨慎，做事特别稳妥，所以当他摆出空城计的时候，司马懿疑心重重，不敢贸然前进。当然，也有学者认为这是司马懿的高超之处。他认为这个时候如果把诸葛亮灭了，那么他就缺乏存在的价值，最后对他的发展和掌控不利。当然，这只是学者的一家之言。因为诸葛亮的谨慎，所以偶尔一次空城计可以吓到智勇双全的司马懿。但是如果诸葛亮总是那么冒进，总是铤而走险，他的空城计效果就会大打折扣，或者说，空城计如果不是诸葛亮摆的，是魏延摆的，或者是张飞摆的，效果可能就不那么好了，因为很难迷惑老谋深算、足智多谋的司马懿。

也就是说，一个人在保持自己基本定型的牌风同时，做一些适时的权变是合适的。但是完全改变自己的牌风，既没有必要，也做不好，到最后原来的优势没有了，新的优势又培养不起来，得不偿失，效果适得其反。

（三）牌风的互补

掼蛋是一种合作的游戏，强调的是彼此之间的配合，这种配合也包括牌风的高度互补。

最理想的方式当然是两位都是攻守平衡的选手。你的牌来攻，我就来守；你的牌来守，我就来攻。角色无缝的转换，无缝的对接，这是最高的境界。要做到这一点，既需要双方有非常高超的牌技，同时也要有非常强的默契。

第二个层次当然是一方主攻，一方主守。有一方来攻城拔寨，另一方来收拾残局，前者勇猛果敢，后者冷静多变。这种优势在于彼此都非常熟悉对方的套路，应用起来驾轻就熟。其缺点是它很难根据牌型来进行调整，有的时候主攻方的牌型并不适合进攻，这个时候他最好的选择是等待时机，通过顺牌把牌型打整了以后再来发起进攻；有的时候主守一方的牌没法混牌，没法顺牌，他的牌型必须通过主动进攻的方式来出牌。因为角色的固定，导致两个人都只能打自己弱势的牌，扬短避长，到最后事倍功半。

最差的组合当然是两个人牌风过于接近。要攻两个人一起攻，你压我的牌，我跟你的牌。如果牌力强，两个人双双出线；牌力都弱的时候，则互相内卷。同样，两个都是防守型的选手，你也不压，我也不炸，都在等待时机，最后错失良机，当开始启动攻击的时候，已经为时晚矣。

（四）牌风的研判

牌风的确定和选择是需要打磨的，这种打磨既是对自己性格的挑战，也是对对手、对对家的熟悉和研判。高手过招的时候，只要出一轮，最多出两轮牌，基本都能研判出对手的牌力和战略需求。

比如上家对手出了一张小牌，下家对手不跟，直接过了。那么有几种可能：第一种可能是他确实不需要单牌；第二种可能是他有变牌的可能性，不想把牌型固定下来；第三种可能是他没有适合的牌来顶他下家的牌；第四种可能他是给对家出牌的机会。在这种情况下，下家对手的牌通常是要么特别的好，要么特别的差，要么变化特别的多，要么没有单牌，根本没有变化的可能性。

这个时候就需要根据对方一贯的牌风来做出研判，决定是顺牌而过还是及时制止单牌的打法，改变牌路。这样的判断是基于对对方牌风的认知和彼此长期交锋的经验来决定的。这种决定马上会传递给你的对家和你的对手。如果对手觉得是你想改变牌型，让对家走顺，自己牌力又比较强，尤其单牌比较强的时候，他可能马上会起炸。

比如说你只有一个大鬼，其他的单牌没有优势，你第一把就上了大鬼，对手可能会把你的大鬼炸了以后拼命打单牌。那么，这个时候你就要对牌型进行有效的估算。如果自己的牌力够强大，那就跟对方拼掉一些炸弹来改变牌路。如果炸弹资源不够多，那就及时变牌，通过顺单牌的方式，把牌型打整打顺。

在牌风的确立和牌风的权变上，彼此都需要对对方有个基本的认知。在这个认知的基础上来确定战略的调整和出牌的权变。

所以我们说，风格最好的方式是基本有定势，适时做权变，攻守需平衡，分工要明确。

我们在实战中会跟很多人搭档，事实上，搭档不同，自己的牌风牌路也会有相应的调整。同时，面对不一样的对手，牌风与牌路同样会有所调整。比如对手双方牌风都比较彪悍，动炸早、压迫性强，那么我方的风格也会随之比较紧、节奏比较快；同样，如果对方牌风比较细腻，重控制、多变牌，我方牌风也会变得更注重细节、更强调耐力。从这个意义上说，牌风也会根据对家和对手的情况而有所改变。

顶尖高手在实战中会利用对手的牌风来作战略应对，当牌力相对较弱时，避其锋芒，通过跟牌、顺牌，让自己的牌型比较整了以后，关键时刻致命一击、快速反击；如果牌力很强，有时候就跟彪悍对手来一个以强制强，打得对手信心尽失、方寸大乱，不光能强势取胜，还能在心理上获得巨大的优势。

牌风上有相生相克、互补互助，也有知己知彼、百战不殆。

八、合作：信任、协调与优势互补

（一）实力是前提

掼蛋是需要合作的，是两个人共同创造奇迹的过程。这种合作的基本前提是信任。所以掼蛋娱乐最好选择跟自己能级、技术差不多的对家和对手。

在高手博弈当中，四个人中只要有一个人牌技很差，那么，这种游戏就索然无味。不光技术较差者的对家觉得很难受，他的对手也感受不到乐趣，即便赢牌了也赢得没有什么惊喜。就像乒乓球的双打一样，四个人的力量相对均衡，这样的比赛既有观赏性，也充满体验感，所以合作的前提实际上还是实力。

（二）信任是基础

在实力相当的情况下，信任是很重要的。

你要知道，你的对家不会想打输，人人都是争胜的。所以他打出来的每一张牌，包括你进贡时候，他回贡给你的牌都有他的思考和逻辑。不要因为回贡的牌不好，打过来的牌路跟你不对，心里就充满怨气，这种怨气一定会影响你的判断和应对策略，从而导致技术动作的严重走形，而这种走形又会给对手很不好的暗示，使得双方信任的基础荡然无存。

一旦没有信任，很多该打好的牌就打不好。

比如说你最后留下的是一个中等的对子和一张小单牌，例如一对10、一个5（不是打5的情况），如果你的上家只有一张牌，而且明显是一张非常大的牌，例如鬼或者将牌。从基本牌理来讲，这个时候应该打单张留一对，因为这个时候对家可以拿一对来救你。但是这个时候你通常怀疑对家：第一，他有没有炸弹；第二，我的一对10可能已经很大，我打出去，下家不一定接得了。这个时候的判断一定要建立在对对家信任的基础之上，你只要没有十足的把握，除非你能够记牌记到10，认为10以上的对子已经全部打完了，就可以大胆地出一对10，否则，一般情况下应该通过打单牌让对家来救助你。

又如，你起打的时候是打三带二，但当对手顶到三个10的时候，你已经要不起了。那么，这个时候对家应该理解为你最后留的五张牌很有可能是顺子牌型；10以上你只出过对子或者出过三连对，没有出过三带二的牌型，这个时候对家应该能理解得了，你是顺子的牌型。他只要有顺子牌型可能性的时候，你可以留10、J、Q、K、A这样的五张牌等着对家来救助。

这里需要有彼此很强的信任基础，有的人打10、J、Q、K、A，留张小单牌，这样的话对家永远没有办法把你救出来。

（三）协调是手段

除了信任以外，彼此之间的协调也非常重要。这个协调对于有一定技术含量的人来说并不难。

比如说对家打对子你就不会打三不带，因为这两种打法经常是矛盾的。事实上，真正高手对战的时候，不排除打三不带来勾对子的打法。比如说我有三个3（不打3）、三个K、一对Q、一对A、一对将，这个时候如果打三个3带Q，我显然不乐意，最好就打三个3，用三个K收。对手压你的时候，他原本是三带二，压了你的三不带以后一定会多出对子来，之后一定会打对子。而打对子的时候，你对子的优势很明显。这种情况在实战当中是经常有的，这个时候就需要对方能读得懂你的牌型。

如果对手压了一手三个8，你直接压了三个K，他就可以理解为实际上你三个并不多，或者说三个已经打完了。那这个时候如果对家再打三不带过来，你就会很尴尬，因为你已经没有三个的了。如果对手三个很多，那就变成了为对手助攻了，就会得不偿失。

这种同步协调是很有讲究的，而且这种同步协调是有很多规律的。比如说起打单牌通常会三带二比较多，比如说起打对子通常会顺子牌型比较多。俗话说"有顺必有对"，这是有一定规律的。

这种规律在实战当中可以通过统计学的方法来计算，从而得出有效的结论。这种概率的分布不一定每次都会成功，但是胜率相对比较高。

（四）优势要互补

彼此的合作还需要优势互补。

所谓的优势互补，实际上是指把各自的优势发挥出来，在残局当中经常有一种现象，就是对家有单张大鬼在，或者还有单张小鬼在，这两张牌都是最大的。那么这个时候我们就留一对将牌，也就是说，对家守单牌，你来守对子。同样，对家守三带二，你来守顺子；对家守三连对，你来守钢板。

这种优势互补在实战当中的优点就是不管对方打什么牌，总有一方守得住。其缺点是一旦起发牌，往往合作双方不在一个调性上，彼此之间很难混牌。这个时候如果需要攻，你就按照敌方没有的牌型打。如果守的时候，你需要把牌过渡给对家，就需要寻找你和对家之间共同的长处，通过这个来传递给对家。比如说打单牌或者打对子，通过这种方式来传递给对家。这种对牌局的研判和对优势的估算做得好的话，这种优势互补牌就会使得对手感觉到上天无门，入地无路，因为他打任何牌型都会被压住。

合作当中，信任、协调、优势、互补一旦能够成形，打牌就像语言交流一样，牌变成了语言的载体。每次出牌的过程就像没有语言的交流，清晰明了地告诉对家你是什么意图。当然，这样的合作也会把信息传递给对手，通过对手的反应马上能估算出对手的牌型和出牌意图。

明确了这一点，你们就可以做相应的战略调整和适时的应对，而这种应对就会产生既能发挥自己优势，又能遏制对方优势的良好方法，从而取得牌面上的胜利。

> ——"心法"金句
>
> 要走得快，一个人走；要走得远，大家一起走。
>
> ——（德）默克尔

九、氛围：友善沟通与气场营造

（一）掼蛋初衷：享受娱乐与营造快乐

掼蛋的本质是娱乐，娱乐的最高境界是快乐。这种快乐不光是赢家的快乐，也是全体参与者的快乐。如果掼蛋导致最后的结果是不快乐，甚至是积怨，那么这样的游戏就显得毫无价值。

快乐是怎样营造的呢？

首先当然是通过技术的比拼、牌技的切磋来获得默契和认同。竞技体育一定是以胜利作为快乐最核心的源泉，这点毫无疑问，也毋庸置疑。实际上，掼蛋所带来的快乐不光在于牌技的切磋，还在于沟通和氛围。

因为不赌钱，所以它的功利性会弱一些。在非功利情况之下，一种娱乐能吸引人，一定反映出参加娱乐者本身的心态和追求胜利的渴望。因此，营造良好的氛围，产生友善的沟通，培育积极的气场都显得非常的重要。

（二）友善沟通：话题选择与分寸把握

所谓友善沟通，是指牌局上的调侃、闲扯和相互的揶揄。

这里非常重要的因素就是分寸。如果比赛的几方都是相敬如宾，说的都是场面上的客套话，这种比赛会显得非常虚伪，缺乏竞争的氛围。这是违反竞技体育本身特点的，也不是良好的掼蛋氛围。

但如果把掼蛋比赛变得气氛紧张，剑拔弩张，话中带刺，互相攻击，那么就丧失了掼蛋的真谛，最后将比赛变成了市井小人之间的争斗，钩心斗角，恶语相加，同样违背了掼蛋带给人们快乐的娱乐宗旨。

因此友善沟通就显得特别的重要，这种友善沟通包含着几方面的内容。

第一，话题的寻找。掼蛋当中讨论什么样的话题？一般这种场合下，过于严肃、正式的话题显然不太合适，因为这跟掼蛋的氛围格格不入。同时很多的话题需要数据支撑和思维辅助，导致一心二用打不好牌，这种情况还不如暂停下来聊一会儿正事儿再来掼蛋。所以宜找轻松的话题。

第二，话题的界定要简单。好多人在掼蛋的时候经常问一些需要长篇大论才能说明白的问题。比如说现在的经济形势怎么样，原材料价格还会不会涨，买房是不是合适的时候。这些话题并不是一两句话就能说得明白的，需要认真的思考，需要旁征博引，需要大量的佐证。这些话题在掼蛋环节并不太适合，因为话题太大。

第三，开玩笑要适当。开玩笑是娱乐当中必不可少的佐料，人们在开玩笑中互相了解，在开玩笑中斗智斗勇，在开玩笑中增进友谊，这个都很好。但是玩笑的前提是要对对手、对家都有足够的尊重，既不能拿对方的缺陷去开玩笑，也不能拿对方的痛楚开玩笑，语言要文明，要高雅，不能恶俗、无聊。有的时候幽默和搞笑往往是一线之隔，一旦分寸把握不好，幽默就变成了搞笑，可爱就变成了无聊。

（三）气场营造：话题时机与观战氛围

话题的寻找非常重要，聊天的时机也很有讲究。

聊天通常是在补牌过程当中，或者说在基本牌序确定的情况之下比较多。战得正酣的时候，旗鼓相当的时候，决定成败的时候，这个时候的聊天就会显得非常的突兀，人家也无法应对。所以，一般话题确定以后，时机的选择也显得非常重要。同样，语气的温和、态度的友善、幽默的分寸、调侃的水准都会影响现场氛围。

在平时娱乐中，通常四个人在掼蛋，旁边有若干人在观战。观战的人通常对牌有自己的理解，他们也会参与到话题的讨论中来，这是必要的，让每个人都有参与感，都有归属感，都在游戏当中找到相应的乐趣，这是非常好的。

但观战的人要有观战人的职业修养。观牌不语真君子，一般来说，不要直接发表意见，如果持牌方来征求意见，可以表达自己的想法，但是要温和，要有余地，既不要过于武断，也不要暴露持牌者的牌面、牌型与特点，更不能够指手画脚，甚至夺牌来打。否则就会给持牌者带来伤害，也会让整个牌局出现乱象，降低游戏带来的乐趣。

所以我们需要在胜负和愉快之间寻找良好的平衡点。竞技体育不看胜负，就不叫竞技。但是这毕竟不是赌博，即便是正式的比赛，它的功利性也没有那么强。所以，要带着愉悦的心情来参与竞技比赛，在竞技当中寻找乐趣。

这可能是掼蛋必须掌握的秘诀，也是建立良好氛围的基础。良好的氛围能让大家更热爱这项运动，良好的氛围也能让每一个人在参与这项运动时得到更多的收益。

十、自控：全心投入与进退有度

（一）成瘾性与全心投入

掼蛋是一项充满魅力的运动，每一副牌、每一手牌都是新的挑战，都会带来新的希望，自然有一定的成瘾性。如果没有牌瘾，这个人一定不是一个忠诚的掼蛋爱好者。一定的牌瘾导致一段时间不打牌就会手痒痒，想约局、想打牌。

一定的成瘾性使得打牌的时候会全身心投入，在全情投入的过程中，你可能会把所有的工作烦恼、生活压力、各种困难置之度外。所以在掼蛋的时候，全身心投入是能让人放松、让人休息的做法。因为大脑的一部分开始启动，另外一部分可能就得到了休息。

好多人说只会睡懒觉，是消极的休息；寻找自己喜欢的一种娱乐，才是积极的休息。掼蛋就是一种积极的休息，而这种积极的休息需要你全心投入。如果你没有全心投入，一边打牌一边想着工作的事情、生活的事情、困难的事情，那么，一心两用肯定打不好牌，也没有办法得到心灵的滋养，得到暂时的解脱。

所以，成瘾性从某种意义上讲也是掼蛋的乐趣所在。

（二）两面性与进退有度

成瘾性本身具有一定的两面性，一方面，成瘾会让人愉快，获得放松，另一方面，成瘾也会影响人们的心境。过于沉溺其中，无度地熬夜，打破了生活的规律，会影响健康。凡事皆有度，怎么能够拿得起放得下，既能够全心投入，也能够进退有度，这是一种修养，更是一种境界。

喜欢掼蛋的人都有这样的体会，几个小时牌打完以后，往往精神上处于高度的亢奋之中，要马上入睡很难，通常需要看一个小时左右的其他信息来平复自己的心绪。这既是掼蛋的魅力所在，同时也给我们以警示。

有人把扑克牌叫做纸鸦片。我个人觉得，所有成瘾的东西都有两面性。有些人打高尔夫球成瘾，高尔夫球因此被称为绿色鸦片；有些人工作成瘾，成为工作狂，到最后损害健康。因此，一切的成瘾都会有一定的副作用，不能把这样的成瘾性变成掼蛋的罪过，关键是每个人对成瘾性的把握与拿捏水平要有足够的提升。

人生当中有很多事是人们想做的，也有很多事是人们不想做的。人生的最高境界当然是把爱好变成职业。比如说你喜欢唱歌，你当了歌唱家，每次演出就像过年一样开心；比如说你喜欢踢球，你成了球员，每次比赛就像过节一样快乐。这大概是人生的最高境界。但通常情况下，一个人的爱好和一个人的职业是分离的，大量的职业更多地是与生存和谋生挂钩。这点毋庸置疑，也非常正常，掼蛋建立了某种兴趣，变成了某种爱好，成为人们工作当中调节心境、调节情绪、结交朋友的很好的手段，所以它的成瘾性和依赖性也变成了重要魅力和凝聚力之一。

（三）平衡性与科学自控

如何让这种成瘾性不产生过多的负面影响？这便需要自控力。长时间的久坐不动对身体一定不利，熬夜和睡眠不足也一定是影响健康的。

我们需要在成瘾性的快乐和成瘾性对健康的危害之间寻找合适的平衡点。这种平衡点是度，是分寸，更是人生的一种境界。最好的方法是能够对自己的兴趣建立一个明确的系统，也就是说，除了工作以外，我们需要在掼蛋以外建立其他的兴趣体系。比如说体育，比如说艺术，比如说郊游、交友等。当你爱好多元的时候，即便不掼蛋，你也可以找到别的乐趣，找到别的兴奋点。这样的话对于健康，对一个人的时间分配就会比较有利。

有人说以牌会友和玩物丧志通常只有一步之遥。做好了，以牌会友，在纸牌当中寻找到精彩和乐趣；做不好，在纸牌游戏中沉沦自己，失去自我，最后浑浑噩噩，碌碌无为，失去了人生的价值、目标和追求，这就得不偿失了。

我们对所有掼蛋爱好者的建议都是既要有全心的投入，又能够进退有度；既能够在全心的投入当中获得快乐，又能够掌握良好的分寸，使其有可能产生的危害降到最低。

这是一种明智的人生选择。

—— "心法"金句 ——

你能在浪费时间中获得乐趣，就不是浪费时间。

—— （英）罗素

中篇 掼蛋之略

十一、判牌：上等、中等、下等

（一）牌力的静态评估

拿到一把牌以后，首先要对自己的牌力进行判断，实际上就是对牌力进行整体评估。这个评估包含着三个方面的含义。

第一是手数。我们知道掼蛋手数越少越好，如果一副牌只有七手八手牌，你的牌力是很强大的，因为很容易出完。换言之，专业当中把它叫整牌或者牌很整。我们一般把六到八手牌叫做上等牌，九到十一手牌叫中等牌，十二手以上的牌叫下等牌。

第二是强牌。所谓的强牌，主要是指炸弹、鬼、百搭、将牌。一般来说，三把以上的炸弹属于很强的牌；大鬼通常有较强的单牌和对子的控制能力；将牌多往往在单张、对子和三带二的时候有着非常强的掌控力；百搭是可以盘活整个牌型的精灵。这样的强牌多，你的牌力就比较强。三把以上炸弹，我们把它叫强牌、上等牌；两把炸弹或者一把炸弹属于中等牌；没有炸弹的牌就是下等牌。单牌对峙当中，如果控制力强的牌多，也就是鬼、将牌多，就是上等牌，少就是中等牌，没有的就是下等牌。

第三是牌型。有些牌可能看起来像中等牌，比如说两把炸弹，也不一定有大鬼，但实际上你的牌型非常好，就是顺子也能顺，三带二也能控制得住，甚至还能配出连对的模式，单牌又比较大，对子也比较大，没有特别困难的小牌要过。这种牌型看起来炸弹不多，控制力不强，但是这样的牌对于混牌顺牌来说比较便捷，这种牌实际上也是上等牌。如果牌毫无特色也混得出去，但是没有特别能够说上话的牌，只能混，真正的话语权不强，这种叫中等牌。如果有非常明显的小牌，比如说同时有2、3、4这三张单牌在，那么即便有很强的牌，炸弹多，也只能一次出一张牌，哪怕有三把炸弹，也最多把三张小牌打出去。如果上家不给你放牌的话，那么基本上这个牌是没有希望跑掉的，就属于下等牌。

（二）牌力的相对优势

当然，牌力的配置实际上是一个相对的概念。所谓相对的概念，是指在跟对手的比较当中产生的。如果你的炸弹多，通常对手炸弹也会比较多。道理很简单，因为你四张多，那么别的牌少，对手别的牌就会比较多，对手四张炸的机会也比较多。比如，你的同花顺中某种花色的占有量比较大，其他的花色占有量就比较小，那么对手其他花色的占有量就会比较多，他做同花顺的概率也会比较高，所以牌的强弱实际上是在比较当中产生的。

我们常说，没有最好，只有更好；没有最差，只有更差——就是这个道理。所以经常在比较当中来确定自己的牌力，牌力不能够绝对说我有几把炸弹就是好牌，或者说两个大鬼就是好牌，或者说两个百搭就是好牌，这些都是相对的。

（三）牌力的动态评估

在实战当中我们也经常遇到明明拿的是一手好牌最后却打输了的情况，这样的结果通常是由于：第一，你的对手比你更强；第二，上家出的牌跟你的牌型风格非常不吻合，你没有办法顺牌。有道是头游是靠混出来的，完全靠自己的硬实力来争头游，那么你的牌力要比对手强几成以上，才有这样的绝对把握。通常情况下，需要通过顺牌来完成你的夺魁之路的。

判牌一旦完成，就会对你的战略选择、记牌重点和打牌选择产生影响。比如，你有比较多的单牌，鬼比较少，但是将牌比较多，这个时候要特别记住 A 和 K 的走势，因为你的 A 和 K 通常是需要到最后救你单牌的胜负手。所以，如果这个时候打三带二，要比较谨慎地打三个 A，因为这个 A 有可能到最后是需要拆了来救单牌用的。甚至你需要把 J 以上的牌全部记清楚，你才能化解那些弱势牌的风险。

同时，静态牌的存在和动态牌的流动也是有差别的。从静态来看，你的牌力可能要么强要么弱，但是在动态打起来以后，你的上家打什么，或者说主流在打什么，马上会对你的牌力产生质的影响。比如说你的牌对子很多，但是没有什么大对子来守，既没有 A 对，也没有将对，那么这样的牌你如果主攻对子的话，是收不回来的，打起来就很困难。

但是如果你的上家正好喜欢放对，在你混掉两个对子以后，这个牌就非常好打，不光你的上家会打，而且上家的对家为了送对方也很有可能会放对子，所以你的对子混过的概率会比较高，这样的话，你的弱势牌就会变成强势牌。

但是如果你恰恰没有对子，而对手起打就打对子，那么这个时候你的强势牌可能就变成弱势牌。因为你必须通过炸弹来转换牌路，这个代价就会比较大。如果正好你的对家也缺对子，那么你们两个打起来就非常困难，因为你们要不断地通过炸弹来换牌路，牌力的消耗会比较大，牌力的优势也就荡然无存。

所以我们在牌力的优劣势判断中，既要在拿到牌以后有一个静态的判断，也要在出牌过程当中有个动态牌力的评估。巧妇难为无米之炊，如果牌力实在太弱，再好的技术也无法打好牌。因此，判牌是所有战略的第一步，一切战略的制定都取决于你的判牌。

（四）牌力的综合评估

掼蛋当中第一步就是对自己牌力的整体评估，你的牌力是强还是弱，牌力的结构是某一路特别强、其他比较弱，还是几种牌路都比较均衡。有的时候很难说某一路强是好还是不好，均衡的牌一定是好还是不好。一般来说，均衡的牌比较容易接牌，什么牌打过来我都能接。缺点是如果你发牌的时候，一种牌型打出来，通常是没有办法收的。

评估牌力以后，根据动态的牌型变化来决定下一步的战略就显得非常重要。比如，如果你是单牌比较强，打的又是比较符合你的牌型，此时就要努力让对手出牌，因为你可以混牌，不要轻易发动，能混就混，混到一定程度，当你发起总攻的时候，往往对手很难招架，尤其是炸弹又能够定位的情况。所谓定位的炸弹，也就是炸下去以后别人压不住，那么当你定位牌一炸以后，最后一手牌就可以争头游。故而这个时候混牌是比较理想的选择。

如果你的牌型牌路是某种结构，而打出来的牌型恰恰是你非常不喜欢的，比如说你全对子的牌，上家打三不带，这样的牌型就会比较麻烦，甚至你炸了又被对手反炸了以后，他继续打三不带，三轮一过一点机会都没有了。你那些对子可能永远就关在里面了。

　　牌型的强弱与优劣势一定是相对的和动态的。我们说判牌是整个战略的基础。判牌分为静态判牌和动态判牌，静态判牌既要考虑手数，也要考虑强牌，还要考虑牌型结构；而动态的牌力评估主要考虑到顺牌的可能性，在此消彼长或者此长彼消中来最后角逐你们的牌力，决定你们的胜负。

―― "心法"金句 ――
　　只要找到了路，就不怕路有多远。
　　　　　　　　　　　　　　――《佛经》

十二、配牌：基本牌型与可变牌型

（一）配牌的牌型

判完牌以后，接下来就要考虑配牌。

所谓的配牌，实际上是对所有牌的资源进行整合、调度与使用。每副牌的资源都是有限的，要把资源用到最合适的地方，要做到牌力的最大化，要做到手数最少、顺牌最容易，同时炸弹能够一锤定音等，这就是配牌要达到的目的。每一副牌都会有基本牌型，有些基本牌型是不可变的。

比如说你没有百搭牌，中间又断了几张牌，那么这个时候就根本不会有顺子牌型；三连张中间夹着单牌，你是配不了三连对的。这样的牌型，你是绝对没有变化的机会的。

但有些牌是可变的，通常会有几种情况，比如说既可以凑顺子，也可以凑三连对；既可以成同花顺，也可以凑杂顺同时把百搭省下来，加到三张牌当中变成炸弹。这就是可变牌。也有可能同花顺可以往下顺，也可以往上顺。这就需要在实战当中及时调整自己的牌型，使之成为可变牌型。

（二）配牌的原则

配牌的原则有以下几点。

第一，要认清基本牌型变化是有限的。你不能够脱离原有的牌资源，无中生有的来配牌。认清自己的基本牌型，就会在着力点上有所考量。比如，你的优势牌型是打三带二，这个时候对家打过一个小顺A2345，你的上家没有要，你的下家动了炸弹。这样的牌型基本可以判断，你的对手喜欢出三带二的牌型。如果这时你有三个A、三个K、三个将这样的牌，就很容易跑掉。因为如果对手炸了以后，一定会出这样的牌，你很容易过牌或者说阻击对方。基本牌型的判断是基础。

第二，在认清基本牌型的情况下，一定要确定牌的可变性。换句话说，不要把牌配死。大家知道，在掼蛋当中，炸弹是非常稀缺的资源，完全靠炸弹来转变牌型，代价是很大的。如果能够通过配牌来封牌，然后转换牌型获得话语权，代价就会小得多，因此，要努力不要把牌配死。当对手打出对家不要的牌型的时候，你可以通过及时的拆牌来阻击对手转换牌路，这样就会比较主动。而且通常情况下，某种牌型因为对手压不上，就相当于一把炸弹，这对自身牌力的提升有着非常积极的意义。

掼蛋初学者经常会犯的错误就是把牌彻底配死。配死以后，炸弹归炸弹，杂牌归杂牌。这样的牌最大的缺点就是只能被动地接受命运的选择。如果打过来的牌型正好是你喜欢的，那你就运气好；如果打过来牌型是你不喜欢的，那么就拼命炸炸弹，耗完了，最后没有实力跟对方来抗衡，只能吞下失败的苦果。所以配牌当中，了解基本牌型和可变牌型，对胜负来说是有决定性意义的。

第三，在配牌当中要格外注意A的使用、将牌的使用和百搭的使用。初学掼蛋的人经常会配成这样的牌，比如说"778899"，它中间少张"8"，就用百搭来替。如果为了压对手的牌，在牌型合理的情况下还是可以选择的。但是如果主动出牌，这样起发的话，代价是非常大的。因为百搭牌基本上相当于是一把炸弹，这样做实际上让自己的牌力损耗很大。而单张"8"混过去也是有可能的，两个对子在三带二当中也有可能跑掉。所以这样的配牌可能就不是太合理。

A这张牌既可以当"A2345"用，也可以当"10JQKA"用。在将牌和鬼打完以后，A还可以说话。A对通常是很大的牌，A俘虏通常也是让对手很头痛的一种阻击手段，所以A使用好很有讲究。同时，我们要考虑到在拆牌的时候，在还贡的时候，有的时候需要把中间的一个三张牌拆掉，拆掉以后本来是一个三带二、一个对子就变成了三连对。这样的配牌方式在实战中也经常使用。这种方式有利有弊，有利的一面是你三张牌拆给对手，他成炸的概率会比较低；缺点是会把你下面的变化打没了，你的牌型固定下来了，这个时候就要根据综合牌力来进行分析。

（三）配牌的前提

配牌实际上是在研判整体牌力基础上的一种资源整合能力，它的基本前提是：

第一，资源是有限的；

第二，必须把所有的资源都用在最有效的地方；

第三，资源的损耗和比拼在和对方的比较当中此消彼长；

第四，资源可以做动态调整。

所以，良好的配牌能够让自己的牌力提升两成，错误或者盲目的配牌则会让自己的牌力下降，甚至有可能取胜的牌却打输了。

配牌当中还有一个很重要的问题，即你是进攻方还是防守方。如果是进攻方，那么你有先出牌的权利，所以这个时候你的配牌方式会更多考虑进攻，你怎么能够收回来。如果是防守方，那你可能更多地要考虑对手出什么牌，你怎么来应对，所以要根据牌面的变化及时调整自己的配牌方式，让牌充满着灵动，充满着变化。

就像魔盒一样，能够变化出各种牌型，从而用最小的代价换得最大的收益，用最无效的资源换得最有效的成果。这就是配牌的最高境界，也是所有掼蛋人追求的目标。

配牌是一种决策，而且刚拿完牌以后的配牌决策更加困难，因为这个时候除了贡牌、还贡以外，没有其他信息可供参考，其决策的依据更多靠经验。经验会给你一种下意识的判断和反应，经验的积累需要一定量的实战。我的建议是，当你打到一定熟练程度以后，就去观摩高手的配牌，然后思考其配牌的逻辑和理由。如果自己能打满1000局牌，观摩高手打100局牌，就能积累出基本配牌经验。有了这样的基础，配牌的准确和娴熟就有了基本保障。

配完牌以后，需要对自己的牌型有着非常清晰的记忆，一旦开打，注意力集中在桌面上，分析对家、对手的出牌与顺牌来及时调整牌型。初学者从头到尾盯着自己手中的牌，甚至一直抽来抽去的折腾，只能说你的配牌还没有上路。

——"心法"金句——

路虽漫长，但腿总比路长。

十三、定位：合理的目标设定

（一）明确战略目标

当你拿到一副牌，完成了判牌与配牌之后，接下来就要明确地设定这副牌的目标。

从竞技比赛角度来说，最后的结果一定是头游、二游、三游、下游四个结果。如果双方牌力都强，能够与对家双升当然是最高的水准；如果是头游跟三游，那也是非常显赫的成果；再不济只拿到头游也是一种胜利。如果牌力实在太弱，逃出一家让对手少晋一级，也算是一个小小的成功。因此从结果来说，双升、一三、一四、二三、二四都是一种战略选择，也是一种战略布局。

那么，在这样的几种选择当中，设定合理的目标就显得特别的重要。

当你牌力很强的时候，设定的目标肯定是争取双升或者起码头游，因为头游已经赢了，头游是硬道理。如果设定这样的战略目标，那么，在实战中就要积极主动、合理出击，在最佳的时机中找到进攻点，一旦启动，势如破竹。

如果牌力一般，可能要根据打牌的进展来确定目标。比如，这个牌型自己跑出去的可能性比较小，头游根本没可能，但还是有几手可以决定胜负的牌型，比如：有六张的定位炸，或者10JQKA的同花顺；有一张或者两张大鬼；有三张将牌；有一个百搭牌。那么，这时发现对家是有希望争头游的，就要及时调整战略。自己既然顺不过牌，对家能顺牌，那我就想办法来让对家胜出。

这样的定位确定以后，在战略当中就要有所调整。比如，牌型有优势的时候，炸弹要更多地用在下家而放上家走牌，因为上家走牌很有可能会给你带牌，让你可以顺过更多想出的牌。但如果牌力很弱，没有办法争头游，那炸弹要更多地用在上家，让下家放对家出牌，让对家能够顺牌，这就是目标定位确定以后做出的战略上的选择和调整。

战略选择和调整取决于你的战略设定，明确了到哪里去才能选择怎么去。所以战略目标看起来很虚，其实很实，因为它会贯穿你整个牌力应用的全过程，包括对你配牌体系的影响、炸点的寻找、传递的方式都会有很大的作用。

如果你是辅助型定位，那你就不能出自己的强项牌，而是出对家喜欢的牌型。而你准备争头游的话，那你就努力出自己的牌型，让对家来配合你。这些都是由战略思想来引导和决定的。而且你的战略思想通过几轮牌以后，马上会让对家认识到，进而主动配合你的行动。当然，你的战略意图一旦暴露，对手也会努力来阻击，会给你带来一些争头游的困难，这就需要通过战略目标的实施努力追求最好的效果。

初学掼蛋的人通常希望每一把牌自己都能够拿头游，会不会掼蛋，并不在于你是不是了解掼蛋的游戏规则。实际上，了解游戏规则只要三五分钟的时间，你如果有斗地主、争上游、打双扣、四十分这方面基础的话，学会掼蛋的游戏规则是很容易的事情。这只能说你知道掼蛋的游戏规则，并不能证明你会打牌，会打牌的标志是有明确的战略思路、战略目标和战略定位。

只有拥有了明确的战略思路、战略目标和战略定位，在打牌的时候，你的思路是清晰的，思维是严谨的，思考是成熟的，所传递的信息是明确的。你的对家要救你、要帮你也很容易做得到。

如果你的定位本身是模糊的，经常会发生一种乱顶牌的情况，这种顶牌经常会导致你把对家的牌顶住。所以出单牌或者出对子的时候，你要考虑一点，就是如果我顶了以后，最后的话语权会落到谁手里。如果你想要让对家过牌，那你要判断，如果在 A 对压下去以后，下家会不会出一对将，或者说一对鬼。他如果压了以后继续放小对子，那就很有可能把对家的小对子给顺掉。这个时候顶和不顶、跟和不跟、压和不压都取决于你的战略思路。

实战中，我们经常小单牌、小对子不一定要过，有的时候小对子留着可以救对家的牌。你把小对子跟完了，真要你帮忙的时候，你已经打不出小对子来救对家了，所以前面的过牌恰恰成了错误的选择，因为你的战略思路不明确。

（二）重视战略研判

战略研判是一项复杂的系统工程，有的时候你想配合对家，但是对家的牌可能比你的还烂，他想配合你。实际上，你们彼此也无法一下子明确对家的牌力和真正的希望，所以需要在实战中，通过几轮牌的交流来做协商和沟通。

通常分析对家牌力和对手牌力的时候会看几个因素。比如说动炸，动炸是一种重要资源的支出，无论是对手还是对家，动炸一定比较谨慎。较早动炸有两种情况：

第一种情况是牌力特别强或者小炸特别多。这些炸弹到后面可能炸不上去，比如说四个2、四个3、四个4都在我这里，那么对手大鬼牌出来直接炸，因为这些炸弹就是去骚扰对方，跟对方哪怕做一对一的损耗，损失也不大。而这样的牌到最后，小炸弹甚至会成为负累，影响你争头游。所以第一种情况是牌力很强，而且小炸很多。

第二种情况也有可能是我的牌力很弱。我通过炸弹来做佯攻掩护对家也是有可能的。所以战略研判不能做特别死板以及刻板的规定，说什么样的牌是牌力强，什么样的牌是牌力弱，在实战中并不如此，要根据具体情况来分析。

除了炸弹以外，还要考虑到鬼的应用。鬼是一种重要资源，尤其是大鬼出单牌的时候，大鬼是能让对方使用炸弹，或者可以让我方出牌的一种强牌。如果对家大鬼的使用很谨慎，你明明知道对方有大鬼，但是打单牌的时候，哪怕对手出小鬼，他也不跟。这样的情况更多的可能是因为他牌弱，他不想出牌，希望你来出牌，因为他知道另外一张大鬼在你这里，希望通过你的出牌他来打配合。这就要在微妙的细节中确定战略的选择。

战略一旦选择，可以进行动态的调整，但总体来说，战略是明确的、持久的，一旦确定便义无反顾。战略确定之后的打牌方式也有可能会产生资源的浪费，但是从概率论角度来说，战略明确后胜算会相应较大，整体来说是划算的。

十四、主角：攻势牌型体系

（一）确定主角

所谓的主角攻势牌型体系，即让对家配合你来争头游的牌型。这样的牌要有以下几个特点：整体牌力很强，牌的手数很少，炸弹多，而且有定位炸，没有杂牌拖累，单牌少，即便有小对子，也可以通过三带二完成，整个牌点比较大，牌比较整。这样的牌型是一个有希望争头游的强势牌型，可以作为主角来打。

主角牌型打法，首先要考虑把自己的困难牌打掉，更多地考虑自己的牌型，而不是去阻击对方。你是进攻的一方，明显没有大的单牌，但是一开始先把小单牌处理掉，比如，只有一张小2或者小3，赶紧把它打掉。这种打法也从另一方面告诉对家，你的牌力相对比较强，准备把困难牌先处理掉，去冲刺登顶，给对家一种信号。比如，上家打小牌的时候，你不顶，顺过小牌。为什么？因为这个小牌顺过了以后，你的牌型就很整，牌力也很强。

像这样的打法就是打小牌，混小牌，打困难牌，这样的打法明显告诉了对家你是想争头游当主角的牌。当对家牌不是很强大的时候，他就会选择当配角来辅助你，确立你的头游优势，为你争夺头游提供必要的支持。

（二）适时亮剑

主角的牌可以早暴露意图，也可以晚暴露意图，早暴露意图的好处是让对家的战略定位很明确，其缺点是两个对手会联起手来阻击你，使得你争头游的道路异常艰难。

早告诉对家主角牌有两种情况：第一种情况就是你的牌力特别强，即便对手两家来阻击，也很难完成对你的遏制，你依然有能力冲头游。第二种情况是让对家明确知道你的长处牌路在哪里。比如，对家明确知道两张大鬼在你这里，对家救你的时候，很明确，他可以出单牌来救你，通过单牌让你的大鬼说话。要么来救你，让你出牌，要么来损耗对手的炸弹，减弱对手的牌力，为你扫清道路。

所以强势牌要么有绝对的牌力优势，要么有明确的强项能够让对家知道。对家在帮助你的时候可以非常轻松，而且像救单牌救对子这样的做法，对对方来说基本不用改变他的原有牌型，不会对对家的牌力产生损耗，这样的主角牌就会比较好打。

还有一种主角牌，本身牌力不是特别的强，但是牌非常整。当你混掉两手以后，就有比较大的把握来走头游。这个时候你只要把牌型明确地告诉对家，对家要救你就很容易了。比如说你最后的三带二被遏制住了，还有一手五张牌，这时对家知道你是三带二，而且对家也是三带二的牌型，而你的上家已经把炸弹耗完了。这时对家要救你，依然很容易。你留一张大鬼，或者说留一对将牌，对家救你的方式都比较简单。即便你发起进攻时被炸停了，头游的希望依然很大。

一旦确定主角牌以后，秘诀就是适时地亮剑，也就是说吹冲锋号的时机是非常重要的。我一旦吹出冲锋号，对手已经很难遏制，即便遏制了，以后对家也很容易来助力。所以这个时候亮剑是非常合理的选择。

主角牌除了对牌力的静态评估、动态走向的研判外，亮剑的时机也显得格外重要。何时亮剑，选择怎样的亮剑方式都是十分重要的内容。一旦受到阻击，对家对你牌的研判和配合将成为最后你能不能成就头游的关键。

（三）主角转换

如果两家牌都比较强，都有望成为主角，这时就要考虑彼此的顺序。通常的打法是一个主攻，另一个不动，甚至什么牌都不接。然后对家会研判，冲不冲得过去，如果万一冲不过去，可以及时转换主角，因为你的牌也不错。所以既然很难放对家，那就趁着对手消耗得差不多的情况之下，换主角打，伴攻变正面进攻，让原来的主角暂时停顿一段时间，改方向发起总攻。

而这个时候因为对手为了阻击你的对家，已经把牌力消耗得差不多了，他们对你的阻击是很有限的，阻击能力是很弱的，阻击资源是很少的。对家已经为你扫清了道路，你的争头游能力就会大大提升。一旦争头游以后，努力给对家留一个风，对家一旦借个风顺过一手牌也就成功了。

我们知道，胜负通常在一手牌之间。既然放不了对家，比如对家刚好有张小单牌，有个小对子，小单牌也放不掉，小对子也放不掉，另外有个特别大的定位弹，比如说六张或者大的同花顺，这时候不如自己争头游以后努力给对方一个风，对方打过一手牌就定位了。

这时主角的转换就显得很有必要，这种主角配角的转换前提是双方不能把牌型打乱，因为牌型打乱以后，原有的优势已经没有了，牌已经打散了，争头游已经不可能了。这是最糟糕的结果：自己的牌型已经乱了，对家又救不出来，只能眼巴巴地看着对手头游。这就是配合的失败，或者说主角定位有问题，或者说对牌的研判出现了问题。

在实战当中也经常看到两个搭档之间由于性格的因素，或者说原来工作职位的因素，职位低的人经常去掩护职位高的人，围绕着职位高的人，围绕着性格强势的人来打配合，永远让一个人当主角，这样的牌到最后的胜率是很低的，因为强势方、职位高的一方未必都是适合当主角的牌型，你非要他当主角就很难赢牌。

从战略层面来思考，从哲学角度来分析，牌桌上没有职位高低，也没有年龄长幼。我们在工作上、在生活上可以尊敬领导，尊重长者，但是在牌桌上应该根据牌力和牌型确定主角，适时调整战略，这才是取胜之道。

---"心法"金句---

熟知，非真知。

——（德）黑格尔

十五、配角：辅助牌型体系

（一）配角定位与目标

当自己的牌力明显较弱，或者对家已经明确亮明主角身份的时候，那么，自己的定位就是配角。既然是配角，唯一的目的就是确保对家的头游。在对家头游的情况之下，能争二游最好，能争三游也不错，真做了下游也无所谓，都是战略的成功。所以打牌是一种合作，配角不丢脸，辅助别人成功同样是我们的成功，是我们的胜利。

（二）辅助战略与技巧

当配角、打辅助牌有很多的技巧，除了前面已经讲到的努力地炸自己的上家，让下家放对家出牌以外，还要想办法给对家喂牌。尤其是对家亮剑启动以后被炸停了，在关键处打一手对家喜爱的牌型就胜利在望。这个关键的一步你必须站出来。

比如，对家打了三带二，被对手三个 A 遏制住了。从牌面上来分析，你认为对家还有三个 A，因为你没有 A，而对手一个人出过三张 A，另一个人出过一对 A，这时候对家一定有三张 A，同时就缺一个三带二的牌。

此时喂牌就是决定胜负的一个因素，如果你一直不能喂牌，会导致对家拆牌。最常见的情况表现为打对子的时候，他把一对 A 挡掉了，剩下另外有一个对子，还有一张单牌 A，你就要想办法把对方的 A 放出去。如果对家是跟了个对子，那么这个时候你要判断他可能只有三个 A 没有对子了，需要喂个三不带过去才能让对家登顶，这时喂牌就需要有精准的判断。

配角的战略选择第一是让下家出牌，第二是给对家喂牌，第三是围魏救赵。

比如，对家打的是顺子牌型，你也知道他上面还有一个大顺子 10JQKA，结果 10JQKA 被你的下家对手给顶住了，你又没有可以放对家的顺子。而此时对子下家也顶得住，单牌下家也顶得住，三带二对家又是没有的，而你的上家也有个大的三带二等着你。那么这种情况下，救对方的牌不一定要通过喂牌的方式，也可以通过围魏救赵的方式。

什么叫围魏救赵的方式？比如，打钢板、三连对这种牌对手很难接，尤其是在牌局的后半段，大家都把牌型打出来了，变牌的可能性已经没有了，对手只能通过炸弹来遏制你。明明知道自己放不了对家，那就通过吸引炸弹来为对家解围。

当你的牌已到了十张以内的时候，对手看到你这样的打法，通常会出手遏制，所以他们会动炸弹。他们炸弹一旦损耗掉了，你对家通过炸弹，通过 10JQKA 大顺子也能够叫大，因为对手已经没有炸弹了。再把别的牌打掉，头游也就产生了。

许多打辅助牌的人通常记牢的就是喂牌，实际上喂牌只是方法之一。让谁出牌、吸引炸弹都是配合对家登顶的有效方法。

（三）信息判断与传递

高手打牌要审时度势，要因地制宜，要学会权变。

根据你所掌握的信息，通过对对家和对手牌型的有效判断来确定你当配角的战略定位，这样就能把牌打活打顺。有时候对手不断打对子，对家已经没有对子可守，而你的牌本来也打不过去，对家要的是单牌，这个时候你就尽快把你的四个A拆掉，变成两个A对来进行遏制。也就是本来四个A只能用一次，分成两个A对就用了两次。那么，这两个A对可能损耗了对手的两把炸弹，而如果你用炸弹，可能只损耗对手一把炸弹，对手的牌力损耗了以后对家就好走牌。如果你有机会出牌，及时地放单张，这样就把优势转交到对家手里，对对家的争头游具有非常好的效果。

自己的牌力和牌型比较弱，也要及时告知对家。告知的方法很多，比如，我前面讲过的两张大鬼分别在对家和自己手里，打单牌的时候，哪怕对手出了个小鬼也不接，让对家去接，其实就是告诉他，你不想出牌。不想出牌有种可能是牌型适合顺而不适合主动出，还有可能是告诉对家：牌不好，没有争头游的可能性，让对家来当主角。再如，你一有出牌机会，马上放对家喜欢的牌型，这种情况一方面有可能是对家喜欢的牌型也正是你喜欢的牌型，你们两个人喜好到一块儿去了；还有一种可能就是你已经不顾自己能不能跑掉，对家能跑掉就行，你想办法围绕对家来打。

这都是有效地传递战略意图，让对家和你的战略思路统一起来，便于在实战当中进行有效的配合，最后能取得这一轮牌的成功和胜利，这就是辅助型牌型的打牌方式和打牌体系。

十六、记牌：必记牌与关键牌

（一）记牌是基础

毛主席说过，没有调查就没有发言权。这就是强调信息的价值，一切决策的基础在于信息，而信息的获取是通过记牌来完成的。记牌是打牌的基础，也是高手必备的技能。真正的顶尖高手可以记住除了手上 27 张牌以外其他 81 张全部牌型。

如果这样的话，你是了然于心，别人是盲人摸象，高下立现，胜负分明。

但是要记住 81 张牌并不容易，事实上，每一把牌都这样打，是对智力与体力的挑战，同时也会劳神费力，非常辛苦。有时候并不是每一张牌都必须要记住，只需记住必记牌和关键牌即可。

（二）必记牌

首先来介绍一下必记牌。对初学掼蛋的人来说，必记牌包括这么几张：

第一个是两张大鬼，两张小鬼；

第二个是六张将牌；

第三个是两张百搭；

第四个是所有的 A、K、Q。

此外还要记两张牌：

第一个是 10；

第二个是 5。

为什么 10 和 5 是必记牌？如果百搭打完、10 和 5 打完，那么顺子就没有了。比如百搭打完之后，外面的 10 都打完了，剩下的 10 都控制在自己手里，这个时候你打个 56789 是没有人压得住的。所以把 5 和 10 记住以后，牌型就出来了。既然是没有顺子的牌型，那么比较大的可能如果不是三带二，那就是连对、钢板这样的牌型。

所以我们说 5、10、Q 以上、全部将牌、百搭和鬼，这是必记牌。必记牌一旦记清楚，我们对对家和对手牌型的研判就会非常容易。

（三）关键牌

什么叫关键牌？关键牌实际上是反映出对家和对手牌型的牌。

举个例子，你打三带二的时候，对手压三个 Q。三个 Q 一出，你打顺子的时候打到"78910J"，对手是很难接上的。因为通常情况下，三个 Q 不大可能是把四个 Q 拆掉来打的，这种概率是比较小的，所以你打到 78910J 就是很大的牌了。这就叫关键牌。

再如，我们在顺牌和顶牌的时候也可以有所判断。顺牌的时候，当我方打了张最小的 2，对手顺的是什么牌就会反映出它的单牌的数量和单牌的分布，如果他跟了张 3，那么很有可能他的小单牌会相对多一些，你留单牌牌型顺过的可能性就会比较大，所以他过了什么牌就是关键牌。

还有一个对初学者来说通常不太关心，但是事实上非常重要的牌就是三带二中带的对子。三带二比拼的是三张牌的大小，并不考虑对子的大小，所以在出三带二的时候，对子是无关紧要的牌，因此人们通常不去关心它，事实上他带对子的大小是一个很重要的信息。

对子带得大说明他没有小对子，或者他有小对三连对。比如，他打三个J，带两个Q，那么他下面可能有778899这样的牌型。这对你后面的出牌方式就会有很多的信息参考，这种信息参考可能会决定牌的胜负。此时这个对子就属于关键牌，关键牌的计算处理和对应的决策会直接影响最后牌局的结果。

我们在记牌的时候，不光要把大牌记住，还要想办法把关键牌记住，这样才能打出好牌，打出有质量的牌。

高手在打牌的时候经常会出现的现象就是对家很舒服，对手很难受，其重要的原因就是记住了关键牌，通过关键牌来判断牌型，确定战略。而这个战略一定是对己方特别有利，让对方特别难受的牌。

初学者记牌的时候经常硬记，记牌其实有很多的技巧。比如说有些人把大鬼小鬼和将牌做一二三来算，打了一张大鬼、打了一张小鬼、打了三张将牌，他就记个一一三。而且看出牌的顺序也能算牌，比如对手出了张A，而对家没有用将牌顶，到了第二把的时候，你的下家出了张K，对家用将牌顶了一下。那么，这就意味着对家的将牌实际上是拆了第一把没有拆的将牌，因为他想看看你能不能顶，发现你顶不住了，他就拆了将牌来顶。这个时候你可以判断一下，对家手里还剩了一张将牌还是两张将牌，这对你后面的决策就非常有用。

再如，对家起打打了一个非常小的三带二，如三个3，当对方打到三个10的时候，对家已经不要了。那么对家就是在告诉你，他实际上是要把困难牌处理掉，并不是三带二的牌型。这样的情形通常分两种情况，第一种情况是他在上面有大的顺子或者大的三连对。第二种情况是他另外还有一副小的三带二，他需要打掉一副以后，另外一副可以通过最后定位炸把它带出来。这个时候你想要放对家的牌，方法就不是放三带二，而应该放顺子，或者说打对家的强势牌，打对子或者打单牌。这样的配合就会很流畅，对家就会打得很舒服，也能够取得最后胜利。

记牌时，还必须记住对家或对手使用炸弹赢得出牌权以后出的牌。炸弹是稀缺资源，一旦使用，随后打出来的牌通常是出牌者真实意图的反映。第一手出牌时会有些假动作，比如：故意打三不带来引敌方出对子；出一张小单牌来处理困难牌，实际上先手出单牌的人不一定就是单牌多。但一旦用炸，接下来出的牌通常是他真实想出的牌型，比如，马上出三带二，就有可能再想接一把大的三带二，这时，即便对家顶了三张 K，如果你判断下家大概率有三张 A（如果对家有三张 A，同时有三张 K，顶对手时通常直接出三张 A），你就可以直接用三张 A 压住对家三张 K、顶住下家三张 A。所以说用炸以后出的牌通常也是关键牌。

"心法"金句

知己知彼，百战不殆。

——孙子

十七、救牌：时机与方式

（一）救牌的要点

所谓的救牌，就是救对家的牌。对家的牌型打出来以后，你已经很明确对家是什么样的牌型，这个时候需要有效的施救。施救方式不得当，通常会造成救牌的失败。

要完成好的救牌，需要掌握这么几个要点。

第一，首先要对对家牌型有非常明确的认知，比如对家是否是对子的牌型，是否有个小对子需要过。

第二，要考虑到你下家的阻击能力，下家的阻击通常有两种方式，一种是大牌顶，一种是炸弹炸，这两种阻击都会让你的救援失败，但是这两种救援也能够损耗对手的力量。

在高手实战当中，救牌通常采用的方式是：救对子会先打大对再打小对。因为如果你确认下家只能够顶一回，就先打大对，把他的顶牌给引出来，再打小对来救对家，这样才能时机恰当，方法合理。如果你先打了一个小对被顶住了，再打一个大对的时候，你的大对比对家的对子还大，依然救不出来。这种细节处理能力对初学者来说比较难，但是在高手过招的时候是经常使用的方法。

(二) 救牌的时机

救牌的时机同样非常重要，在对手牌十分强盛的时候去盲目救牌，虽然可以消耗对手的牌力，但事实上在很多情况下是让对手过了牌，很多时候对手会将计就计，知道你要去救牌。比如，你要救对子，对手也想打对子的牌型，所以他不炸。甚至你出对A，他对将也不出，他希望你再出对子来帮助他顺牌和过牌。

如果时机选得不好，帮对家的忙不多，帮对手的忙很大，一旦对手启动的时候往往就来不及了。所以救牌的时机很重要，关键是要合理地评估对手，尤其是下家的牌型和牌力。缺乏这样的判断，盲目的救牌可能得不偿失。

在救牌当中还有一种现象就是想办法让对家顺过牌。比如，你有一个78910J的同花顺，也只有五张了，你随时可以走。这时下家要出牌，你也知道下家的出牌是能放对家顺牌的，这个时候就不要炸，让对家过过牌，等对家的牌顺了以后，你们可以双升，这也算救牌。但这种救牌一定要防止下家的倒冲。好多对手也知道你在让对家顺牌，而他的牌型可能是一个特别大的10JQKA同花顺，另外一个是三连对，还有两张单牌，第一张单牌一出，对家顺张牌，这个时候你也没有牌可以顶，因为你已经只有一把同花顺，所以继续放，接着你的下家把另外一张单牌也过了，你的对家又顶了一张比较大的牌，比如说将牌，对家的牌你也不愿意炸，下家的牌还没有到报牌的点，你再等，而这个时候你的下家通过10JQKA的定位同花顺最后把三连对打掉，抢走了头游。这样的案例在实战当中比比皆是。

我们经常开玩笑说夜路走多了，不知道什么时候撞到鬼，所以苦头吃多了以后，警惕性就会比较高。而对初学者来说，这种错误会经常犯。因此，救牌一定要考虑时机，要对对手的牌力有非常精准的研判，要对自己牌的定位能力有合理的评估。

（三）救牌的前提

除非是四个鬼的天炸，即便是六张炸弹，被关在里面的概率也是比较高的。这就又要说到前面讲过的动态资源理论，你六张炸弹的牌多，别的牌就少，从概率论的角度来说，对手拿到六张炸弹的机会也会更多一些。如果对手的六头炸比你大，产生定位炸，那么你的六头炸就被关了，明明可以头游的牌打输了，一定会令人懊恼不已。这样血的教训是值得铭记的，是不能屡犯的。

救牌的前提是要以取得头游、获得胜利作为底线，这个底线不存在了，想去救人的时候把自己都淹死了，那么这样的救人价值就大打折扣了。我们坐飞机的时候，空姐教我们戴氧气面罩的时候，一定会说一句话，如果旁边有孩子，先给自己带上，再给孩子带，就是这个道理。

头游是硬道理，获胜是硬道理，胜和败是质的差别，胜多和胜少是量的差别，要在确保取胜的前提下尽量扩大战果。而这样的决策取决于你对牌力的判断和对时机的选择，其中高度的敏感性和警惕性是关键。

在牌桌上，一切皆有可能。

细节决定成败。

十八、阻击：痛点判断与执行

（一）防守是取胜的关键

一方面，最好的防守是进攻，另一方面，取胜的关键是防守。

喜欢看 NBA 的人都知道，NBA 比赛当中观赏性靠进攻，取胜靠防守。在科比·布莱恩特最巅峰的时候，当时他跟奥尼尔搭档成为湖人双雄，同时又引进了佩顿、马龙，组成了全明星 F4，成为所有球队当中夺冠的大热门，最后比赛的结果恰恰是底特律活塞以 4∶1 的优势夺取总冠军。当时没有人看好底特律活塞，无论是他们的明星影响力，还是球员的身价，都无法跟洛杉矶湖人相比。而活塞取胜的法宝就是防守，死缠烂打，贴身防守，风格凶悍。湖人这些明星老将们受年龄和伤病的影响，很难做身体上的对抗，所以在强有力的防守之下，技术动作走形，技术优势无法发挥。

像洛杉矶湖人这样充满神投手、充满进攻力的球队，决赛跟底特律活塞比赛的时候得分五场均未过 100，第五场全场只得 68 分。而洛杉矶湖人的这帮老将明星，防守是他们的软肋，一方面，防守这种"脏活""累活"，这些明星通常不屑于干；另一方面，这些老将明星往往年纪偏大，体力相对偏弱，没有办法做持续高强度的防守。因此，得分上不去，防守力量又不够，输球是自然的。

回到掼蛋当中，掼蛋中的防守同样重要，好的防守能够有效地阻断对手争冠的可能性。我们知道，真正的掼蛋比赛胜负往往在于一两手，甚至有的时候一手牌的结果就决定了整个比赛的结果。

（二）防守有损耗的代价

防守需要实力，或者说防守需要付出代价，这种实力和代价通常是以损耗己方的力量作为成本。既然没有争头游的能力，自然牌力比较弱，如果付出大代价做防守，显然不是很现实，可能对手炸弹数量比你多，很难防得住，也耗不起，所以防守的核心就是抓住下家的痛点。怎么来判断下家的痛点？如果在没有把握的情况下，就用最简单的方式来判断。比如，通常防守的关键是单牌，在实战当中经常有这样的案例，自身有很多小单牌，但是为了防守，你努力把下家的小单牌全部控制在他的手里面。

下家有三把炸弹，而且炸弹都很大，比如有三把同花顺。因为凑了三把同花顺，所以他的小单牌就非常多。此时只要让他走出一张小单牌，基本上就防不住了，如果走掉两张小单牌，他的炸弹就富裕并冗余了，这个时候防守就顶住下家的小单牌，宁可自己的小单牌不过，也要拆了顶。实战当中比较多的顶牌，如果是一般的顶，拆个 J 或者 Q 来顶，如果强势顶就顶到 K、甚至顶到 A，因为顶到 K 或者 A 的顶法也同样会把对家顶死，这种顶法代价会比较大。但是如果能够取得良好的效果，那也是值得的。一直等到对家走了以后，这时小单牌把下家放走，然后跟上家来争夺第三名。

（三）防守需牌面的判断

阻击的基础同样是对牌面的判断，你要很清楚对手与对家，尤其是对下家需要什么、对家需要什么得有一个基本判断。有时候下家需要过的牌也正是对家需要过的牌，你把下家顶住了，同样也把对家顶住，这个时候就要评估得失利弊。

实战当中经常有对家的炸弹很大，对家的牌力很强，但因为你顶下家的牌把对家彻底顶死了。这可以通过其他牌型的打法来做研判。比如，对家单张也不要，三带二也不要，那么对家很有可能是要对子和顺子的牌型，这时你猛顶对子和猛顶顺子，就会把对家取胜的希望给破灭了。

（四）防守靠变牌的执行

痛点不光包括下家的痛点，同样包括对家的痛点都要很清楚，对痛点判断清晰以后再来执行。

执行的基础是变牌。因为你的牌力资源已经固定，通过原有的牌型显然阻击不了下家，所以需要通过变牌来进行阻击。变牌包括把比较大的四张炸弹拆成两个对子，或者用变换牌型的方式。比如，对手一直在打对子，你通过牌型的变化拆出几对大对子来阻击对手就是非常有效的方式。

这种阻击直接的效果就是熄灭对手争头游的火焰，即便自己力量有所损耗，能够做有效的阻击也是非常划算的。就像战争中断后的部队可能会拼个精光，但对于整个大部队来说，这是损失最小的一种选择。

这种选择是合理的，是有价值的。

十九、传递：信息真伪研判

（一）信息是决策的基础

掼蛋是一项斗智斗勇的游戏，是智慧的较量。战略战术在应用当中的基础便是信息，信息是一切决策的前提。在对手信息模糊而自身信息清晰的情况之下，取胜是自然而然的事情，是水到渠成的事情。

信息的研判，除了前面讲到的记牌以外，还要考虑算牌的因素。算牌有很多规律，根据牌面的情况和静态信息的分布，再根据动态打牌的过程来研判对家和对手的牌型，并根据这样的研判做出有效的应对和选择。

（二）信息需真伪研判

同样，信息是一把双刃剑，信息有可能是真实的，也有可能是伪装的。篮球、足球当中有假动作，掼蛋当中同样也有假动作，假动作使用得好，可以事半功倍，起到不战而屈人之兵的效果。

比如，你明明喜欢打对子，但是先打了三不带。打三不带一方面可以把大对子留下来，从而在对手打对子的时候进行有效的遏制；另一方面，通过打三不带，实际上是告诉对家，你这里没有百搭牌，因为有百搭牌而把三不带打掉以后，能做成炸弹的可能性就会下降。所以一般有百搭牌的情况下很少打三不带，甚至很少打三带二，从而给百搭牌的变化留下更多的可能性，所以打三不带的牌型，其实传递的信息就是没有百搭牌。

三不带的打法有真打三不带和假打三不带两种情况。真打三不带实际上是手里的三不带很多，掼蛋术语当中有一句话叫"要想坏，三不带"，因为三不带会给对方制造很多的麻烦，对方更多情况下通常是三带二配置好了的，你打三不带以后，他的小对子就没法过。如果他手上留了两个小对子，"日子"就非常难过，争头游的可能性就没有了，所以三不带会打得他很难受。

同样，三不带也会把对手的牌型固定起来。本来对手可以凑三连对，也可以走顺子，因为要用三不带来阻击你，所以他把牌打断了，顺子也没有了，连对也没有了，为你后面的牌型扫清了道路。

理想的情况是给对手传递错误的信息，给对家传递正确信息。在更多的情况之下，通常是会迷惑对手，也迷惑对家。最可怕的现象是迷惑了对家而没有迷惑对手，这便是最大的失败。所以假动作一定让对手吃，而不是让对家吃。

实战中，初学者通常比较简单地来解读这样的一种信息符号。比如，对家打了个三不带，救对方就直接一个三不带来救。但事实上对家可能也需要过三带二，只不过是对子偏少，他需要打掉两个三不带再来打三带二，所以救的时候可以直接救个三带二，这可以根据牌型来做综合判断。

比如，打过三个2，打过三个4，对家也没有小单牌，这个时候你基本可以判断他有四个3或者有一对3。那么，当对手的牌打出来以后，你一算对家不可能有四个3的情况之下，很有可能有一对3，他前面不带的原因是他对子不够，所以救牌的时候救三带二就会比较合理，对方就可以把一对3带掉。

（三）真伪与性格相关

信息要在真真假假、虚虚实实当中去伪存真，明确研判，合理应对，信息传递通常跟每个人的打牌风格有关系，有些人习惯于做假动作，有些人台风比较朴实，很少做假动作。这就需要通过对他性格的研判来判断。

实战当中经常有这种现象，经常做假动作的人再怎么做假动作，对手也不相信，因为对他已经产生了某种免疫力。如果留下这样的印象，可能就需要反思一下，实际上是把口碑给做坏了。

在兵法当中，我非常欣赏诸葛亮的思路，要以稳健作为最核心的选项，小心驶得万年船。在稳健的基础上偶尔变换牌风，做一些假动作，会起到很好的作用，所以百分之九十的真实加上百分之十的假动作就能起到很好的作用，如果是百分之五十的假动作加上百分之五十的真实，那么你这个假动作要起到很好的效果，难度就会比较大。

如果你的对家使用的假动作你也吃不透到底是真还是假，这时救对家牌的时候可以采用能进能退的方法。什么叫能进能退的方法？也就是说，救对家对子的时候，实际上你也要出对子，打出去的对子同样可以自己收回来。

这样的好处就是能把对家救了最好，如果救不了，对你来说也出掉了小对，同样可以掌握出牌主动权，一举两得，可进可退，这是最保险的方法。

（四）真伪与战略相关

在信息研判的时候，也要结合战略选择来确定。对家明显是打配角的，是辅助型的打法，他已经告诉你，他的牌力很弱，他把希望寄托于你，希望你尽快把牌型打出来，以便他可以做必要的帮忙。这个时候你就根本不需要考虑对家使用的真意图还是假动作，完全按照自己的节奏去打，不需要考虑对家的牌型。

能把头游争来，必要的时候让对家助你一臂之力，这也算是不辜负对方的一片真心和好意。

实战当中，不注意对家传递的信息是不可取的，一味关注对家的信息同样也没有必要。因地制宜、因势利导，要根据自己的战略定位，结合桌面上的实际较量进行综合研判。一旦有了研判，配合方式同样需要考虑到自己的实力，有时孤注一掷，自杀式救对家，胜负在此一举；有时自己有可能取得头游，可以兼顾一下救人与自救，依然保持良好的牌型。这种判断经过一定量实践经验的积累，就会更加清晰明了，这便是所谓的"牌感"。

"心法"金句

认真做事，只能把事件做对；用心做事，才能把事情做好。

——李素丽

二十、止损：效益最大化选择

（一）不同时间点

同样是输牌，也有输多输少之分，要考虑不同的环境、不同的处境来做出战略选择。通常在升级战当中打 J、打 Q、打 K、打 A 的打法都不一样。

对手在打 J 的时候，我方的底线是不能双下，因为一旦双下，对手就会升到 A，比赛就到了赛点，我方就处于悬崖之上，处境将极其困难。下一把牌如果不顺，那么这一局可能就前功尽弃。所以打 J 的原则就是怎么也得跑掉一家，能争头游最好，争不了起码不要双下。打 K、打 A 是有着本质区别的，打 K 还没有到赛点，即便是双下，也不过打 A；但是打 A 的话，如果对手取得一三名，这一局就结束了。

而打 Q 的时候战略选择是怎么也不能当下游。因为打 Q 的时候，即便跑掉一家，另外一家被关住，同样升到 A，只不过是对贡牌有点影响，对于结果是没有差异的。所以这个时候一定要想办法把对手当中相对弱小的一家给遏制住。能争头游最好，争不了头游起码不能当下游。所以打 Q 的打法通常跟打 A 的打法非常接近。

而打 K 的时候，唯一的战略选择就是争头游。因为争不了头游，只不过对贡牌有些影响，对下一副牌打 A 已无影响。所以只要有一线可能，就去争头游。如果发现对手有一家想争头游的话，要不惜一切把他遏制住。因为只要一家争到头游就打A，只要有一线可能就去争头游。

把对手比较强的一方遏制住，因为很有可能对手的布局是一方很强，一方很弱。那么，如果把两个人的力量结合起来，把比较强的一方遏制住以后，牌力在基本相等的情况下，再集中力量来扶持我方一家相对比较强的或者某种牌型有优势的，就可以绝地反击，就可以反转战局。

打A的时候已经到了比赛的赛点，这个时候已经到了最后一搏的关键。在比赛规则中，每个地方的规则略有差异，有些地方必须第一第二名双升才能出线；有的是一三即能出线；有的地方三次打A不过回到2；有的地方三次打A不过回到J；有的地方三次打A不过就算输了，要根据这样的游戏规则来制定相应的政策和策略。一个最简单的道理就是要么争头游，要么摁住一个对手让他成为下游，否则这局牌也就结束了。

作为打A方的战略选择来说，通常需要的是让相对实力比较弱的一方先走牌，困难的牌必须打掉，能顺过的牌尽量顺，尤其是相对弱的一方，一定要想办法尽快顺牌。如果相对强的一方拿到头游，再给你借一个风，你就有可能争到第二名或者第三名。

作为防守的一方，自己已经被逼到悬崖边上，如果在牌力不强的情况之下，这个时候的战略就是一定要认准一方遏制他。

对于强弱的判断确实是个很大的难题。有点像足球比赛当中守门员扑点球，守门员扑点球的时候根据对方开球的时候判断，再来进行反应，肯定是来不及的。这么短的距离，这么快的球速，你的反应速度和球的运转速度无法匹配。这个时候通常守门员会根据罚点球人的习惯，比如，他习惯使用左脚还是使用右脚，他喜欢打远角还是喜欢打勺子球，根据这些判断来做一个倾向性的押宝，押对了就能扑出来，押不对的话，点球扑救的成功率本来就比较低，也只能做这样的选择。

（二）一致性行动

作为防守方，首先要统一对对手的强势方和弱势方的判断，意见必须统一，步调必须一致。否则你跟对家之间一个炸一方的对手，一个炸另一方的对手，你们的资源均衡损耗，而对手因是受贡的一方又有相对优势，所以起码在单牌方面有着巨大的优势，再要阻击对方就比较困难。

因此，当你发现己方的牌力不够、无法争头游的情况，要非常明确，尽快决定遏制对手的哪一方。一旦确立，义无反顾，坚决执行。这里面有很多运气的成分，也有很多判断的依据。

作为进攻方，牌力强的一方要学会示弱，让对家多走牌，让自己来吸引炸弹，让对手误以为自己的牌力弱。所以少跟牌、少出牌，努力打对家喜欢的牌型；而作为弱的一方来说，要主动，要积极，要表现出强势。

作为防守方，要进行精准的研判，尽早明确战略和思路，能取胜就取胜，如果无法取胜，适度止损、追求效益最大化也是一种成功的战略选择。

♣ 下篇 掼蛋之术

二十一、领出：先手的谋略

（一）先手的四种选择

围棋当中有一个专业术语叫"先手"，先手对于围棋最后的取胜意义是非常重要的。在掼蛋中，先手直接决定牌路，引导着牌路的发展。先手出牌，除了第一局出牌顺序是由抽签决定以外，其余的先手出牌都是上一局牌的输家，他们通常是弱势方，是进贡方。如果是双下牌，那么通常由贡牌较大的一方来出牌。

由于进贡导致自己拥有的牌资源中最强的牌、最大的牌进贡给了对手，而对手把最不需要的牌还了你，因此，天然的牌力弱势决定了使用先手一定要发挥最大的先手优势。

先手出牌通常有几种选择。

第一种选择：打困难牌。比如说小 2、三个 2、A2345 的杂顺，这种是永远无法混出去的牌。也就是说，上家打任何牌，你都不可能把这个绝对最小牌混掉，所以处理掉最困难的牌，其他的牌都有可能顺过。

第二种选择：打长套牌。比如，你对子多，或者顺子牌型，或者三带二多，或者有两个三连对。打长套牌型的特点是可以把牌型打得很均衡，按照自己的牌路，既符合自己牌型的战略布局，又明确传递给对家自己牌型的特点，从一个侧面告之优势和劣势。

第三种选择：破坏性打法。也就是出来的牌型是对手难以琢磨的牌型。比如，打三不带，或者上来就先打个 10JQKA 的大杂顺。这种牌型的打法一方面可以打乱对方的战略布局，另一方面也可以吸引对方使用炸弹，或火力侦察一下对方的实力。

第四种选择：探索性打法。比如说先打个对子。行内的专业术语叫"情况不明，对子先行"，打个对子试试水。

（二）强牌弱打与弱牌强打

每一种牌型出牌的选择都跟自己的资源禀赋有着非常密切的关系。通常的规律是强牌打弱牌，弱牌打强牌，换句话说，强牌弱打，弱牌强打，这话怎么理解呢？就是你的牌比较好，那就打困难牌，因为困难牌打完以后，其他的牌都有可能顺过，当条件成熟的时候，发起攻击就有可能拔得头筹。但是你如果本身是弱牌，即便打出最困难的牌，其他的牌即便顺过了，也没有希望拿到头游。这个时候不如弱牌强打，吸引对手的炸弹，消耗对手的资源。从某种意义上讲，这是对对家的一种掩护。

因为领出人出牌的时候，除了贡牌和回贡以外，没有任何其他信息可以参考，所以决策的信息量少，概念模糊，对牌局的判断非常困难。而领出的好处是，按照自己的牌路出牌，坏处是很快就暴露了自己的意图。所以出牌过程当中，概率论发挥了很大的作用。根据统计学原理，我们对每一种牌被接过的概率都可以做精准的计算和判断。

有统计发现，起打三连对被对手接过的可能性高达百分之四十二，而钢板被对手接牌的可能性只有百分之十一，三带二被对手接牌的可能性高达百分之九十二。所以掼蛋有句行话，"要想死得快，三个两个带"，说明三带二的打法是很容易被对手接牌的一种选择。

如果牌力相对比较弱，在无法争头游又没法判断对手和对家牌型的情况之下，较多的情况下可以选择一种比较怪异的出牌方式，比如，打三不带，或者打对子，而不是先简单地把小单牌打掉，或者把三带二打掉。初学者打掼蛋领出的时候，出得最多的牌是小单牌和三带二。

为什么一开始不打钢板这样的牌？一开始打钢板的牌更多的情况是为了偷一手牌，也就是钢板被压住的概率只有百分之十一，所以继续出牌的概率会比较高。通常对手在这样的情况下也不会轻易动炸弹，所以你有可能再出一手牌。但是如果自己牌力很弱，你打钢板对家是不会接的，对手如果有就混掉了，如果没有，你多出一手牌也对整个战局没有决定性的影响，意义不大。不如钢板留到后边，留到后面有可能通过三带二救对方，也有可能后面打钢板可以吸引炸弹。

像这样的牌型是在弱牌的情况下不建议先出的牌型，因为这种牌型的领出会使对家产生困惑，而给对手接走的话，再要把牌权夺回来代价就比较大。因为进贡方通常在单牌的对峙方面优势会比较弱，会比较被动。

（三）己方收牌与对家跟牌

好多人说，领出牌必须收牌，行内有句说法叫"谁污染谁治理"。既然你出的牌，你自己来收，这个说法有对的一面也有不对的一面。

从对的一面来说，谁污染谁治理是对的，而且很多情况下你出的牌型，对家通常不会跟，因为对家一方面不想拦你的牌，另一方面，即便有小的牌型，也可以留下来救你的牌。如果你自己不收，那么对家有牌也没有打，给对手多一次出牌的机会，而这次机会有可能是决定牌局胜负的关键。

但有时候处理困难牌不收也是正常的。明显这个牌是走不掉的，没有顺牌的可能性，比如说三个 2 带两个 3，没有顺牌的可能性，但其实我上面没有三带二的牌型，所以这个时候领出，对家在你下家出完牌以后要来判断局面。对家在两种情况下是可以跟牌的：

第一种情况是你的下家出牌很小，而对家的牌刚刚比下家的牌大一点点，所以跟着走牌，万一你不要了，他们可以进行比拼，万一你要，也不会影响和阻拦你的出牌。

第二种情况是下家顶牌很大，对家认为你很有可能收不回去。比如说你打了三个 2 带两个 3，下家出了一个三个 K 带两个 5，对家判断你可能没有三个 A，所以对家先出三个 A 也是经常有的。

通常情况下，对家如果牌比较弱，他会回打三带二来看看你是不是还需要这样的牌型。如果对家牌比较强，或者没有小的三带二，他可能会转别的牌型。因为打三带二的牌型，通常单牌比较多，对子比较少。而打顺子的情况下可能对子比较多，单牌比较少，他会根据自己的判断来出一个他需要解决困难、对你又有一定帮助的牌型。

领出牌实际上决定了整个牌的基调，也是向对家和对手传递信息的一招。万事开头难，万丈高楼平地起，所以领出牌是整个一局牌当中的基础。

二十二、跟出：顺牌的艺术

（一）跟牌需要战略指导

有道是头游都是混出来的，完全靠自己的实力打控制牌，打自己的牌型，需要有非常强的牌力和非常好的资源。通常情况下，这种牌不会太多，这种机会也不会太多，所以跟牌是必须的。

跟出的时候也需要有非常明确的战略指导，如果你有实力争头游，同时当前场上这种牌路的牌比较多，通常跟出的时候会出困难的小牌，比如，上家出个3，你会跟个4，你会把小牌跟掉，这样会为你后面争头游提供非常好的条件。

如果本身牌力不太强，你是要阻止下家出牌，那可能会顶得比较大。但如果下家是受贡方，他本身已经把困难牌回贡掉了，拦他实际上没有太大的意义，第一你也拦不住，第二他本身也没有小牌，你可能反而把对家的牌拦住了，这个时候也就没有必要拦牌，这要根据具体情况来定。

除了单牌以外，在上家出对子的时候，如果你具备出对子的条件，一般需要跟一把。因为万一你不跟下家不接，对家没有对子的牌型，那么就会比较被动，而且把明显的软肋暴露给了对手。对手知道你们两家都不需要对子，就会把这路打通、打透、打疼，所以需要跟个对子，然后根据对家接牌的情况来判断下一步的战略。

如果上家出了一对2，你只是简单地跟了一对3，实际上表示两种意思：第一种意思，你要对子；第二种意思，你怕拦对家的对子。而你的下家出了一对7，你的对家出了一对A，对家就是在明确告诉你他不想出对子，所以这个时候你要及时制止这种牌路的继续发展，尽快阻止对手打这个牌路。需要转换新的频道、新的赛道来引导新的牌局。

（二）对手和对家的跟牌

要认真研究对手的跟牌和对家的跟牌。对手跟牌，如果是对子，上家打对子，下家跟对子，那么更多反映的是下家的对子比较多，因为如果上家打了以后接不过去，处理困难，这种可能性比较小，对子本身可以用三带二带出，所以上家放对子通常是对子比较多，或者说大对子比较多，能够接牌，能够收牌，而这个时候下家跟牌，说明下家的对子也比较多。下家如果不跟，那么也可能有两种情况：一种情况是下家的对子比较少，他对子打完以后，三带二就没法带了；第二种情况是下家的牌比较差或者特别好，不想改变上家的打牌思路。这种情况下，你要对下家到底是牌好不跟还是牌不好不跟有个明确的研判。

对家跟牌也有几种情况，一种情况是对家这种牌型比较多，需要处理掉不必要的冗余的牌，第二种情况是对家怕你接不上来过一下桥。所以在跟牌时，要结合实战情况来进行研判。一般情况下，不应该过早地把自己的软肋暴露出来。掼蛋最简单的一个原则就是努力让效益最大化，努力让对家很舒服，让对手很难受。所以还是那句话，哪儿疼往哪儿打。当你的软肋暴露出来以后，对手一定会强化在这路的进攻，迫使你率先使用炸弹。

而一旦对手有出牌机会，会继续把这路打通，再让你消耗炸弹。当你两轮炸弹消掉以后，自身的牌力已经没法跟对手抗衡，所以对手的成功率就会比较高。

根据对家的跟牌情况，及时调整自己的牌型，用较小的代价来阻击对手在这一路上的猛攻是一个明智的选择。毕竟调整牌型的代价比动炸的代价还是要小一些。

当然，除非你确定自己来当配角，否则拆牌和变牌不应该把自己的牌型打乱，到最后一把烂牌，毫无取胜的可能性。如果是这样的拆牌，还不如直接使用炸弹来得更加简单，对对方的牌力也会有更大的消耗。

因此，跟牌实际上是一个很复杂的系统，对跟牌的研判比其他牌型的研判更加困难。其中有主动的、积极的顺牌需求，也有被动的、强迫的阻击需求。要透过现象看本质，找到对手和对家的真实意图，根据对真实意图的研判来确定下一步战略的选择。

"心法"金句

吾尝跂而望矣，不如登高之博见也。

——荀子

二十三、炸点：稳、准、狠

（一）炸点的选择

炸弹是牌局当中具有决定性意义的优质资源和稀缺资源。一副牌当中有三把炸，就是一个很强的牌型，如果有四把或者四把以上的炸弹，就是超强的牌型。但是即便有四把炸弹，对手不来追炸，你也只能出四手牌。因此，盲目使用炸弹带来的损耗是很大的。

高手过招时，炸弹的使用是很谨慎的。有统计表明，先出炸的一方失败率超过百分之六十，除非你有碾压性的资源优势。努力保持实力，积累优质资源，便是取胜的法宝。所以能用杂牌顶和收的牌，尽量不要用炸弹来回收。

但这样说并不意味着每个人都得把炸弹牢牢地捂在手里舍不得用，炸点的选择是成败的关键。炸点通常有以下几种情况。

第一种情况，对手的牌型对家不要我也不要，如果不及时动炸，那么对手不断地通过这种牌型的进攻，会让我方处境非常狼狈和尴尬，这个时候及时用炸弹转换牌路是一个明智的选择。

第二种情况，预判对手出的牌型会对我方非常不利，比如上家喜欢对子，下家单牌控制住以后一定会放对子，而你和对家都不需要对子。这个时候不如把他的大鬼炸掉，因为你如果不炸，他放对子让上家跟了以后，你同样需要用炸弹。与其后面动炸，不如早点炸，起码可以把对手的对子留在手里。所以，预判接下来的牌型对自己不利，要及时用炸。

第三种情况，对手已经把这种牌型打完了，而我方继续要这种牌型，动炸转换成对自己有利而对对方非常不利的牌路，进而让对方动炸，这个时候也是个很好的炸点。比如，对手两家都把单牌打完了，对家的鬼也出来了，而你拥有三张将牌，同时还有小单牌要走，你确定小单牌出来不会让下家顺牌，下家如果要顶，必须拆牌，而将牌只有你有，你已经把单牌的劣势变成了单牌的优势，需要转换牌路打个马后炮，这个时候也是重要的炸点。

第四种情况，对手要急于处理困难牌。很多时候对手再出一手牌就可以用定位炸来争头游，你们就没有机会了。这个时候如果及时动炸，对手是没有希望的，比如说对手一个小单牌、一个小对子，要混过去根本不可能，他哪怕拿了个六张大炸弹，也只能出一手牌。而这时如果让他把困难牌打掉，你们是必输的。同样，只要把这手困难牌给他控制住，对手是必输的，这个时候动炸就显得特别重要。正所谓打蛇打七寸，这就是七寸所在。

第五种情况，小炸弹太多。这种炸弹真正到了决定性的关键时刻很难帮上忙，很难定位，很难说上话，甚至很难炸上去，对手一动炸你就无能为力。所以这种炸弹不如在前面炸掉，让它发挥应有的作用。如果对手不动炸，就可以按照你喜欢的牌路来出牌。如果对手动炸，就能有效消耗对手的实力，以便在后面的博弈当中让你取得较大的优势。

（二）炸点的共识

炸点的判断既需要理性的分析，也需要平时在掼蛋实践当中的经验积累。高手之间打牌的时候，你和对家经常会出现对炸点的共识，也就是说，对家想炸的时候你也想炸，对家炸的时候你也在想这个牌他不炸我也会炸，这就是一种默契。牌感是一种良好的掼蛋素养。

对于炸点的判断和选择，既来自于科学理性的分析，也来自于感性的直觉和临场的经验。它是一种综合判断，这种综合判断会成为一种习惯反应。对高手来说，对炸点的估计必须是准确的。

如果没有炸点的估计，就会变成撞大运，而通过撞大运的炸法取得成功的可能性是比较小的，毕竟大运不会一直在你的头上。

（三）炸后的选择

炸完出什么？很多初学者动炸以后，依然会给对手放牌，换句话说，你不炸，对手也是出这手牌，这样的动炸意义非常有限。在牌力相当的情况下，这种动炸会整体改变牌力对比，为最终失利埋下祸根。成功在于比对手多看几步，动炸简单，重要的是炸完之后的出牌，这是建立在对双方牌型的准确判断之上的一种选择。

凡是动炸以后还要思考半天该出什么的人，多半是新手。

—— "心法"金句 ——
　　当断不断，反受其乱。
　　　　　　　——《史记》

二十四、百搭：激活精灵

（一）百搭何时用

如果说一副牌当中哪一张牌是最有效、最好的牌，那么一定是百搭牌。有的地方叫"混儿"，有的地方叫"赖子"，这个词更多地来自于麻将。这张牌是除了鬼以外都能够替代的百变牌。它能让三张牌变成炸弹，它能让缺牌的同花顺真正成型，它能让散落的零牌变成顺子，像精灵一样激活你的牌型。对百搭的使用极其重要，用好了能盘活整副牌，化腐朽为神奇，用不好也只不过是多了一张会变的牌而已。

高手过招的时候，百搭的使用通常比较滞后。一开始慎用百搭，因为留着百搭还有更多变化的可能性。而且到了残局的时候，百搭单用也能起到炸弹的作用。百搭跟A相连，成为一对A，也能成为变换牌路的胜负手。

初学者通常在掼蛋当中用不好百搭，简单地把百搭给处理掉了。这种处理看起来让自己的牌更顺，看着更舒服，但实际上对牌力的损耗非常大，在关键的时候没有任何变化可选。比如，556677中少了张6，你用百搭变6就把它打掉了。但事实上，对5、对7都有可能混出去，6也有可能混出去。这样的情况，百搭就有可能会变成炸弹，有可能你的对手不断地打对子，你的对5、对7都可以走掉，有可能对手后面出三连对，你这个时候不主动出牌，通过记牌的方式，既可以顺掉小牌，还可以获得出牌权，一举两得。所以百搭不宜早用，越到后面他能发挥的作用越大，它能产生的变数越多，对牌局胜负的影响也会越大。

（二）百搭怎么用

百搭到底是凑炸弹好还是把牌变整好，没有统一的标准，要根据实战来研判。有的时候既可以把零牌变整，又同样起到了炸弹的作用，对手需要动炸才能够遏制住你，这个百搭的使用就值得了。把牌打整，而且消耗对手的力量，一举两得。

百搭到底是凑同花顺好还是凑四头炸好，也要根据情况来定。根据上家和对家出牌的特点，可以研判哪一种牌型是可以混出去的。所以一般即便凑了同花顺，也需要保留做杂顺的可能性，不要简单地把那一张百搭需要取代的牌打掉。因为有的时候有了这张牌，你在跟杂顺的时候同样能获得出牌权，而省下的百搭又有可能会成为另外一把炸弹。尽管四头炸比同花顺要小，但毕竟炸弹是宝贵的稀缺资源，而且你的杂顺已经遏制了对手，赢得了出牌的机会，也达到了一把炸弹的作用。要知道，多有一次出牌的机会，可能恰恰是成败的关键。

对初学者来说，同花顺的选择和四头炸的选择通常是很困惑的问题。按照一般规律，炸弹越多越好。如果为了凑同花顺牺牲两把四头炸，是不划算的，但这话也不绝对。因为如果你凑了同花顺以后，少了两张单牌，而另外三张牌恰恰有地方出三不带，既可以顺过，还可以阻击对方牌型的延伸，那也是划算的。

凡事无绝对，要服从于战略，服从于牌面的变化，根据牌型的情况来做出正确的选择。

有百搭的情况下，保持三个头的牌型显得非常重要，如果把三个牌打完了，面临一把对子，这个时候你的百搭只能做一个三带二，它的功效就会大大降低，所以这个时候出对子和顺对子就显得非常重要。

百搭使牌充满变数，而变化通常是一种抉择，抉择通常又是非常艰难的。拥有百搭，甚至拥有两张百搭的时候，变牌、顺牌、过牌、出牌都显得格外重要，因为任何一张过牌都会决定牌路的选择，要用战略眼光来进行抉择，做最合理的变牌和最优化的战略选择。

（三）他人用百搭

无论是对家还是对手，他人对百搭的使用也能流露出很多的信息。如果是两个对子用百搭凑成三带二，通常是三张少、对子太多，没有三张，也无法凑同花顺，百搭就没法变成炸弹；而太多对子无法顺过，就把百搭变成三带二，可以少一手牌。如果起炸就用了百搭，那么或者炸弹少，或者没有其他小炸弹，或者还有一张百搭。如果明明已有四头炸，用百搭变成五头炸，要么还有一手同花顺，要么缺三张牌型，要么急于出一手困难牌。这些信息要学会捕捉、分析，并做出相应的决策。

"心法"金句

变，是不变的选择。

二十五、贡牌：资源重组

（一）进贡有规则

贡牌是掼蛋中比较有魅力的一个设计。掼蛋设计要求下游给头游贡牌，必须是最大的牌，同时百搭免贡。这样设计既科学又充满着人情味，因为百搭免贡，所以让输家有着强大的翻盘可能。贡牌包含着这么几种可能：第一，给对家进贡和对家还贡；第二，给对手进贡和对手还贡。这其中的方法技巧是很多的。

作为进贡方来说，如果有两张大鬼就抗贡，如果一张大鬼或者小鬼就进贡，这没有什么选择，但是将牌的进贡就很有讲究。如果给对家进贡，就努力进贡自己上下花色比较少的将牌，这样对家凑同花顺的可能性比较大。如果给对手进贡，则相反，要选择自己上下牌花色比较多的来进贡，以免对手凑成同花顺。

（二）还贡有讲究

相比之下，还贡更是一个充满技巧、决定成败的功夫活，还贡不好就会产生严重的后果。对手的三张牌变成了炸弹，对手缺的同花顺被你补齐，对手的杂牌被你补正，这些都是你还贡的时候最不想看到的现象。一旦产生这样的现象，贡牌方是由于进贡而得利的，三个2

肯定是个巨大的负担，但是还贡2之后变四个2，多了一把炸弹，又把最困难的牌变成了优质资源，化腐朽为神奇。

所以还贡的时候要考虑以下几个因素：如果自身单牌比较少，因为对手进贡，所以我方在单牌上有着巨大的控制力，这个时候小单牌不一定要还掉，还一个长套牌，让对手很难凑成炸弹。而小牌即便出了，也能收得回来，无伤大雅。所以给对手一张相对难受的牌，是明智的选择。

还贡的花色也很有讲究，对对家来说，要努力让对家凑上同花顺；而对对手来说，要努力让对手无法凑成同花顺。所以花色的选择也很有讲究。

有的时候牌很整，还贡需要拆牌来还，那么拆牌的时候给对家和给对手的方式也是有所区别的。高手经常在五个2的情况下拆个2给对手，因为五个2跟四个2没有本质的区别。如果你有另外的同花顺炸弹，那么五张的炸弹可能就不太需要，通过同花顺就可以定位。而四个2的炸弹在一般情况下还是能够起到作用的。你在五个2的情况下拆个2给对手，对手要成为炸弹的概率非常低。对手如果是一张单2，就会非常难受；如果是两张2，那么他可以通过三带二来带走，稍微好一点；如果是三个2，同样是个巨大的负担，而如果要凑成四个2，那除非是在你的对家和另外一个对手都没有2的情况下，这样的概率是比较低的。所以这样的拆牌效果就会比较好。

而拆给对家的牌就有讲究了。通常有个说法叫"大牌还给对手，小牌还给对家"，因为对家一张这个牌面的牌都没有的可能性比较小，所以让他凑对子，让他变成三张或者四张，都是不错的选择，但这话也不绝对。还贡还大牌，对家即便多了张单牌也容易顺出去，不会增加太多的麻烦。所以还贡的时候要根据自己的牌型条件来进行选择，前提是在保证自身实力不受影响的前提下，努力使对手无法增加牌力，让对家增加牌力。

其中最难计算的就是对手正好顺子中间缺一张，这种情况下，你正好把这张牌给了对手，这种情况在实战当中确实存在，但确实难以计算。也有高手说还5和10是对手不喜欢的牌。从实战来看，这个说法未必是成立的，因为实战的情况千变万化，要根据整体牌力和战略的选择来做综合的评价和最终的抉择。

资源重组以后的牌型会发生很大的变化。还贡以后，贡牌方也需要通过新的牌型进行战略调整。一旦有新资源介入，不管是正资产还是负资产，都会对战略产生影响，都需要根据资源的变化来做相应的战略调整。

———"心法"金句———

　　凡是皆非绝对，一切皆有可能。

二十六、变牌：性价比评估

（一）变牌的技巧

高手组牌的时候经常不会把牌配死，通常会保持各种变化的可能性，尽可能多地来适应实战当中的需求。因此，变牌能力的强弱，从某种意义上讲，反映了牌技的高下。

兵无常势，水无常形，因势利导，无论是对家出牌还是对手出牌，两方的牌型基本已经明确了。所以前两轮在跟牌和出牌的时候，尽量不要把有可能的变数打掉。因为一旦变数打掉，你的牌就无法再变了，只能听天由命，后面如果出的牌型很喜欢，那运气就很好，如果出的牌型不喜欢，要调整已无可能，所以前两轮一定要保持牌的变数。

但变牌也不是永久的，有些人在打牌中不断地变牌，变到最后自己的牌拆得一塌糊涂，这样的选择显然是得不偿失的。

变牌是有度的，变牌需要在足够信息占有的基础上来完成。我们在实战当中经常会把后面的大顺子拆掉，因为很多时候910JQK、10JQKA的任何一张牌都已经成为大牌。这个时候负担已经成为资源，劣质资产与负资产已经成为优质资产与正资产。这种变牌可能是无奈的，但前提是你对牌局和对手牌有一个清晰的记忆和精准的判断。

当你确定自己已经没有主动出牌的机会，当你确定对手和对家都没有顺子的牌型，当你确定你的大单牌和大对子已经有了足够的话语权，当你对对家的牌路和对手的牌路已经了解得十分清晰，果断地拆牌变牌，把一个将死的资产盘活用好，从而通过资产盘活化被动为主动，最后取得成功。

变牌和拆牌还有个时机问题。当对手发现你已经没有单牌，而且也没有办法用单牌来顶的时候，拆牌要早。可能早一手拆牌就能够赢牌，晚一手拆牌，把自己的牌拆烂了，对手的牌已经打整了，也就无法阻止对手登顶了。这样的拆牌显然是失败的，是没有价值的。

变牌需要根据自身的牌力、自身和对家的牌型以及对手的牌力和牌型来完成，变牌的所有依据都是对对手和对家牌型的判断。

变牌有主动变，也有被动变。主动变的场合更多的是当你发现了对手的某种牌路软肋，把所有的牌变过来以后，强攻这一路；被动变的环节更多地是对家没有办法顶牌的时候，你需要通过变牌来顶住对手对这路的攻击。

（二）变牌的评估

变牌是一种战略选择，而这种战略选择一定是有代价的。决策的依据便是代价和收益的对比，又称"性价比"。性价比高的变牌是合理的，性价比低的变牌是没有必要的。

如果炸弹力量比较强，如果不通过变牌能够产生更直接的效益，那么就没有必要为了变牌而变牌，把自己的牌型拆得七零八落，最后在实战当中处于被动，这是划不来的。

能用简单方法解决的问题，就不要把它复杂化。简单解决，短兵相接，看起来原始粗暴，实际上实用有效，何乐而不为呢？

无论是性价比的估算，还是实际的选择，无论是对对手和对家牌型的综合评估，还是对未来牌走势的精准研判，都是变牌要考虑的关键因素，都是执行变牌的理由和动因，而这些因素要从一开始就有所关注。

高手打牌通常有两个特点，第一，一定不会把牌配死，而是保持变化的可能性；第二，一旦理完牌，所有的注意力都会在牌面上，观察对手和对家的出牌与跟牌，对自己的牌早已了然于心，了如指掌。对有可能产生的变化早已想得通透，看得明白。

而初学者通常习惯于一直盯着自己的牌。实际上当你理完配完自己的牌以后，你已经把它了解得很清楚，有可能的变化都已经推演好、准备好，这便是变牌必备的基本功。

变牌是比较高阶的掼蛋技巧，能够把变牌用得很娴熟，说明你已经是一个掼蛋高手，已经达到了一定的层次与水准。

---"心法"金句---
大音希声，大象无形。
——《道德经》

二十七、顶牌：防守的秘诀

（一）顶牌防下家

所谓的顶牌，主要是顶下家。

打牌当中，上家的水平对下家影响很大。每一个人都是下家的守门人，要守好门，就需要有高超的技巧。二十一点（Blackjack）当中，通常最难打的就是最后一门，因为最后一门的牌会直接影响庄家的牌型，所以，一个好的守门人对于取胜意义重大。在足球比赛中，尤其对于弱队，一个好的守门员相当于半支球队，他能够化解危机，能够组强后场，能够提振士气，能够让对手闻风丧胆。

顶牌的直接含义就是让下家没法顺牌。最常见的顶牌当然是指单牌，有的时候也包括对子、三带二、顺子这样的牌型。顶牌的方式需要根据整体的牌型和布局来研判。

如果下家是受贡的一方，他通常很少有小牌，所以用单牌去顶牌，意义可能不太大，损耗了自己，而对手又毫发无损，得不偿失。顶牌时候一定要研究下家的软肋在哪里，要顶在下家最难受的地方。

当预料下家有 10JQKA 顺子的时候，哪怕对家出了 910JQK，你也需要把 10JQKA 顶上去；当下家需要三带二的时候，你发现对手一方需要三打二，一方需要对子，必要时把五个 A 拆掉。既可以把小对子带出去，又可以用对 A 来守，还可以用另外的三个 A 来顶牌逼炸，一举多得。本来五个 A 只能用一把，拆开后不但可以用两把，而且带掉了一个小对子，是划算的。

（二）顶牌前研判

顶牌的前提同样是对信息的掌握和对牌型的研判。这种研判来自于记牌和对牌型的准确评估。这种研判和评估既要有科学的依据，又要有理性的推断。

对初学者来说，通常难以把每张牌都记清楚，但是对牌型的研判是相对比较容易的。要知道，牌局的成败通常在于一两手牌，知道了这个原则，你就可以明确地做到把下家的困难牌顶住，这就意味着下家失去了争夺头游的机会。

好多人说顶了下家的牌，通常也会顶掉对家的牌。这话没错，这就需要你对对家的牌力有十分精准的评估。如果对家的牌力并不太强，必须通过混掉一些牌才有希望争头游，就不妨放下家走，同样也放对家走。顶牌顶到最后把自己顶死了，对家也顶死了，然后在残局的时候，我方又没有足够的优势，这样的顶牌损人不利己，到最后鸡飞蛋打，竹篮打水一场空，这样的顶牌便是失败的。

既然是顶牌，它跟顺牌是不一样的，顶牌一定是要付出代价的，最显著的代价是拆牌。比如三个 A 做对 A 来顶，对 Q 拆单牌来顶，这都是常见的方法。

一般在牌面不太清楚的情况下，在上家出单牌的时候，人们通常用 J 或者 Q 这样的牌来做顶牌资源，因为 Q 以上的牌顶也顶不住，早晚要跑掉的，顶了也没有意义。但是 Q 以下的牌，如果自己的单牌不多，在还有争头游希望的情况下，那么这种顶牌就是合理的选择。

（三）顶牌后放牌

既然顶了一定会放，既然堵死了一路，一定会打开另外一路，否则你的牌没法走，满手的牌怎么可能争胜？所以顶牌还有很重要的一点，就是对下家弱项牌路的判断，你顶住了，你拿到出牌权，出来的牌还是下家喜欢的，那你的牌不是白顶了吗？所以当你利用顶牌获得出牌权的时候，就必须想好拿到出牌权后打什么样的牌型，走怎么样的牌路。

顶牌同样是个技术活儿，既要研判下家的软肋，又要明白对家的牌路需求，还要考虑自己的整体牌型构成和牌力强弱。

唯有这样的综合研判，才能做出最佳的顶牌选择。

"心法"金句

成功者找方法，失败者找借口。

二十八、诱诈：兵不厌诈

（一）动炸的节奏

把强牌打胜不是本事，把弱牌打赢才是本事。

在牌力优势不明显的情况下，能打成双升才是本领。牌力资源通常是相对固定的，你有几成牌力，对家有几成牌力，对手有几成牌力，通常是相对恒定的。所以，要把牌打好，一定要让对手消耗更多的资源。尤其是自己的牌力非常强盛的时候，这个时候过早地暴露自己的实力，从而让对手放弃对你的阻击，自己空放了很多的炸弹，浪费了很多的资源。你尽管拿了头游，但是两个对手联合起来，把你的对家打成了下游。那么，这样的打牌应该说不能算成功，尽管赢了牌，但是赢得不够多，赢得不够巧，赢得不够有技术含量。

这时就需要通过诱炸的方式来消耗对手的实力。初学者经常在动炸的时候，因为自己牌力强盛，连续追炸，这种追炸很快暴露出你牌力的强盛，让对手放弃阻击的意愿。有时候牌力过于强盛，导致主动出牌以后出来的牌非常大，让对手一眼就看出已经没有必要再跟你纠缠，所以他们会把资源省下来对付你的对家。

（二）主动的示弱

示弱是一种本领，当对手炸了你以后，你忍一忍，让对手误以为你还有困难牌需要处理。这时当你下一把再炸时，对手很有可能继续追炸，而这一两把炸弹的消耗就为你的对家赢得了宝贵的赢牌条件，从而把本来很强大的对手资源吸引过来，不但你能继续争头游，也让你的对家能够争当二游，把单赢的牌变成双升，这便是高超的技巧。

有道是兵不厌诈。这和生活中的欺诈、诈骗是两码事，这是一种智慧，也是一种技术，是一种让对手琢磨不定、难以研判的战略选择。

（三）体势的语言

诱炸战术通常需要通过综合的方式来完成。前面讲到的用炸的节奏、巧妙的示弱是一方面，配以合理的体势语言同样重要。

这种体势语言不是指撒谎、胡说八道，而更多地是通过沉思、延时的方式来使得你的对手产生误判。因为沉思和延时只要在规定的时间之内，都是规则允许的。竞技游戏就是在游戏规则允许的范围内寻找效益的最大化，它是合理的技术应用。在 NBA 比赛当中打到第四节，在最后关头也经常会有拖延时间的打法。进攻方经常会用足读秒在最后一刻出手，从而让对手失去扳平比分或者反超比分的时间机会，这是一种良好的战术选择。当领先优势很明显的时候，撤下主力队员，让替补队员热热身练练手，因为这已经不会改变场上的比分和结果，又能够锻炼新人，同时让主力队员有更多休息时间，这同样是战术选择。

在足球比赛当中有一种战术性换人，当比赛进入补时阶段，已经开始进入倒计时的时候，做一个战术性的换人。这种换人看起来浪费时间，可能裁判在最后会做一定的补偿，但能让对手更加难以淡定，更加着急，更加心浮气躁，从而把目前领先的成果保持到最后。

这些都是在有效的规则允许范围之内的一种战术选择。这种战术选择不能从道德制高点的角度来进行审判，因为这种审判是没有理由的。只要是规则允许的，这些都是合理作为，都是值得尊重的。

---"心法"金句---
战阵之间，不厌诈伪，君其诈之而已矣。
——《韩非子》

二十九、借风：能量传递

（一）留风的前提

掼蛋设计当中有一个非常科学合理的规则，就是借风给对家。想办法留风给对家是掼蛋配合的重要环节。

很多情况下，对家就缺一手出牌机会，只要多一手机会，就可以脱身；但少一手出牌的机会，就没有希望。这种情况下，借风是雪中送炭，是久旱逢甘霖，显得特别的难能可贵。

如何给对方留风，前提当然是自己必须争得头游。如果为了给对方留风而失去了登顶的机会，那就得不偿失，就是偷鸡不成蚀把米，是划不来的。因此，留风的前提是必须保证自己能够拿到头游。

（二）留风的方式

留风的方式很多。

第一种情况：当你有个大炸弹，又有一手牌有可能顺走，而且你对牌局的判断是对手没有比你更大的炸弹，这个大炸弹完全可以定位，杂牌又有可能混出去的情况之下，不妨等一等。没准对家或者对手出牌的时候，你可以把杂牌顺掉，从而把定位炸弹放到最后，给对家借风。如果匆忙地走，你当然可以定位，可以走掉，但是你后面的杂牌对手就可能接过去，就有可能无法给对家多一次出牌的机会。所以有把握定位的时候，不妨等一等，看看能不能把杂牌顺掉，给对家一个风。

第二种情况：百搭牌的灵活使用。百搭牌可以多凑一把炸弹，也可以把一把炸弹变得更大，这时要努力把最后一把炸弹做得更大，因为这样给对家留风的机会就会大大提升。如果没有办法给对家借风，那就想办法留一个对家喜欢的牌型。比如说对家喜欢单牌，而你最后是个对子，那么想办法先顺掉一个单牌，炸了以后出来的依然是对家喜欢的单牌，对家可以轻而易举地接过去控制出牌权。看起来没有借风，但实际上打出去的牌型正是对家想打的牌型，这跟借风的意义也相差无几。

（三）对手的借风

同样，对手也面临借风的问题。有些初学者有个习惯，凡是对手有可能借风的炸弹都把它追炸掉，免得让对手借风，这样的做法实际上是不可取的。最关键的是你需要研判借风者对手的牌型和结构。如果借风者对手本身在不断地混牌，他的牌是不成体系的，这个时候他借个风无伤大雅，因为你依然有很强的控制力。如果你把炸弹打完了，恰恰失去了控制力。对手就有可能通过对子、单牌的不断骚扰，最后逃出生天。

但是如果借风者对手什么牌都不跟、什么牌都不要，就等着对方给他借风，出一手难牌再来定位，然后再出最后一手难牌。两手难牌，一个大炸弹。这样的情况下，借风是致命的，这个时候要不惜血本打掉他借风的希望。因为一旦借风，对手必然逃之夭夭；一旦不借风，对手绝无取胜可能。这便是我们前面讲的关键的炸点。这样的炸点一旦控制住,那么对手逃出生天的唯一希望就被扼杀掉了。比如说他有一对小对,一张小单牌,小对也过不去,小单牌也过不去,他的炸弹再大,炸完以后也只能处理一手牌,而另外一手牌根本没有办法走掉,这个时候他只能认输,不可能翻盘。

所以给不给借风,需要对借风者和我方的牌型有精准的研判。这种研判决定我们采用什么样的战术。

水无定形,牌无定规,不必去相信牌书上说的某一种固定的套路。因为在实战当中,这种方法可能只能代表某种概率,而不能概括全面,不能囊括全部,毕竟凡事都是有特例的。

"心法"金句

人生的道路虽然漫长,但紧要处常常只有几步……你走错一步,可以影响人生的一个时期,也可以影响一生。

——柳青《创业史》

三十、残局：精算与妙打

（一）残局的情形

象棋当中有大量的精彩残局，在围棋当中也有重要的收官之作，可见残局的功力显现出牌技的高下。所谓的残局，就是在已经有一家取得头游的情况之下，最后进行一对二或一对一的打法。

在一对二的情况下，又有两种情形：

第一种情况是"我方一、对手二"。在这种情况之下，对手必定竭尽所有资源来遏制你，因为你是他们的唯一对手，因此这个时候要学会审时度势，要学会顺牌混牌，要学会借力打力。如果没有足够的牌力，放掉一家关住一家做个三游也是一种很好的选择。不必左右开弓，到最后资源不足，沦为下游。当然，如果牌力足够强大，以一敌二也能游刃有余，那就另当别论。

第二种情况是"我方二、对手一"。两个打一个，对手已经取得了头游，这个时候就要想办法把另一位对手变成下游。在二打一的情况下，通常需要给守门的一方留有余地，让他能顶得住，守得住。所以一方面尽可能遏制对手的出牌权，用两个人的资源来控制一个人相对会好打一些；另一方面是要对牌型有非常清晰的研判，知道对手需要什么牌型，不需要什么牌型，必要的时候可以把原有的牌拆散来打对方的软肋，让对家顺利地脱险。

另一种情况是一对一的残局。一对一的残局更显出判牌和记牌的能力。在这样的残局当中，经常碰到的现象就是炸点选对了就赢了，选错了就输了。比如，对方有两张小牌，一个大炸弹，还有几把对子，而你有一个小炸弹，有一张大单牌。如果对方一直打对子，你接不上，你也不炸，一直等到对方只剩下一个大炸弹，两张小牌的时候，你还是没有动炸，那么就丧失了赢牌的最后机会。因为这个时候对方出一张小牌，你即便用大牌把它压住了，你的炸弹也是跑不掉的。这时炸弹和你的大牌都成了负资产，而你只要早点动炸，对手的两张小牌是根本没有可能跑掉的。

（二）残局的技巧

残局当中，打牌的先后顺序是极有讲究的。按照这种顺序打就会赢，按照那种顺序打就会输，这就需要有更加精确的计算和更加巧妙的谋划。

残局当中经常有空放炸弹的现象。当然，不光在残局当中，在头游争夺当中也会有这样的现象，先空放掉一把炸弹。这种情况更多的原因就是你有两手炸弹，同时有一手杂牌，而这手杂牌一旦打出去，让下家或者对手顺过一手牌以后，对手的炸弹就可以成为定位炸弹，你就失去了机会，炸弹就会被关在手里。所以这个时候会空放炸弹。同样的情况，如果对手空放炸弹的时候，你也需要有精确的计算和巧妙的应对。

初学者说他都空放炸弹了，就没有必要再管他了。实际上这个时候把他的炸弹追炸掉，他另外的炸弹没法定位，而杂牌又混不过去，他就丧失了争头游的机会，这就是博弈。

当对手空放炸弹的时候，谁来遏制这把炸弹也是有讲究的。因为他空放炸弹以后，他一定会有手比这把炸弹更大的炸弹来作为定位炸。所以我方必须留一个更大的炸弹，能够遏制他的定位炸。当你觉得你的炸弹足够大，完全可以遏制对手的定位炸，而你判断对家应该有能力，也有可能来炸掉对手的这把炸弹的时候，可以让对家来炸。那么作为对家，就要科学地研判，到底是你的牌力太弱，准备放一家走关一家，还是你有足够大的定位炸，让他先用炸弹遏制对手，这个研判需要双方的默契和对牌局的正确估算。所谓掼蛋的魅力和技巧就在这里体现了出来。

所以我们说掼蛋是一个综合的技术，他需要有超强的记忆、明确的战略、精准的研判、良好的配合、高超的技巧和冷静的头脑。能够做到这一点，不光你能把掼蛋打好，同样也能把其他事业做得非常出彩。

"心法"金句

行百里者半九十。

——《战国策》

附录

附录一 掼蛋起源

20世纪60年代末期,在苏北白马湖畔的淮安市淮安区南闸镇(当时为南闸人民公社)农村乡野就开始流行"掼蛋"这种扑克牌游戏,目前"掼蛋"已经风靡全国,淮安南闸便被公认为掼蛋发源地,这里有好多奥秘值得探源。

一、背景探源

"掼蛋"之所以会在白马湖畔的淮安南闸最初流行,应该同这里厚重的文化资源分不开。根据其地域特点,这里有"三交汇"的特殊优越:运河文化与湖泽文化交汇、淮扬文化与维扬文化交汇、祖国南北文化交汇。

旧时代因水患、水灾、水涝的多重冲击和鞭挞,也因水情、水性、水土的多重滋润和给养,这里的乡村便形成水文化的漩涡积淀,其娱乐文化的主要积淀形式有南闸民歌、小鬼牌、三张牌等特殊种类,远近很是响名。

南闸民歌属于一种大文化范畴,已经成为地域民歌的一个歌种,2009年被批准为江苏省非物质文化遗产项目。

"小鬼牌"又叫"八十四"(即八十四张牌),是一种旧日乡野娱乐文化形式,这里曾有多家制作小鬼牌的民间作坊,"小鬼牌"打法也自然流行，其中有一些组合模式后来被掼蛋所吸收，它便是多牌娱乐的基础。

"三张牌"其实是一种骗人的手彩魔术，这里曾有近十人在灾荒时外出以此混穷。三张牌中有一张"红桃"两张"黑桃"，"红"牌注目养眼，通过在手丫撞击交叉变化，造成对方视觉混乱，通过牌的位置变换，让自我感觉良好的认牌者视觉出差错而认输。这些玩牌人对纸牌的研究正是掼蛋复杂组合设置的先驱者。

而掼蛋最初形成应该是"文化大革命"期间。记得串联回程在火车上与外地"小将"学会玩两床"打对门"，我们几人回来便开始独立门户，牌式中有"红五星""八路军""新四军"的玩法等红色标签，1969年公社基层干部兴起掼蛋之风，东西路牌式结合，这些玩法太过烦琐被逐步淘汰。

从背景探源，这掼蛋里有许多大集体劳作模式的痕迹，"掼"的叫法有点特殊，早年这里乡土玩扑克多称打扑克，玩牌叫打牌，而这里的"掼"，就像集体劳动那种掼麦把，四个人围一个石磙，用"把翘"束紧一捆麦子，举过头顶，靠惯性把麦粒子脱下，打牌兴奋时好多人也举过头顶掼向桌面，"掼"牌又取代了打牌。

至于到21世纪才在淮安大地广泛兴起的掼蛋，包括近几年在江苏、安徽及其他省份风靡流行，南闸"掼蛋"应该要提早三十多年时间，这种"掼蛋"的扑克牌游戏很早就从白马湖畔的乡野起源，不能不称之为是一种神奇。

不过眼下一些都市知名文化娱乐人和爱好竞争娱乐产权的人，说掼蛋起源于他们那里，他们列举的论证有点不太客观，尽管他们那里其他文化品牌特别古老知名，那种提法都只是唯我之嫌。

目前，淮安掼蛋协会申报的淮安市区掼蛋获批为非物质文化遗产，有点好大喜功，尽管南闸也属淮安，但南闸不属市区，对于这一点，应该引起争议。其次，非遗毕竟属于一种遗产，不是当今时代出现的现象，遗产应属原始产地，后来的延伸扩展处应没有非遗申报资历，南闸在几年前曾有申报掼蛋非遗项目的初衷，只是南闸民歌申报任务繁重，省非遗处领导曾有指示，说市级非遗常规以六十年为限，省级以一百年为限，要求我们再继续向上进行考证和探索。

"文化大革命"迄今只有五十多年历史，掼蛋形成在那个年代，但要把它的祖宗刨出来，兴许就达到年限标准，所以我这里要提到南闸乡野有百年历史的小鬼牌及红桃三张牌，这样就提前了植根的历史，这便是"掼蛋"襁褓期孕育于此的依据。

二、命名探源

"掼蛋"这种文化娱乐形式的命名应该说有很大的民间流俗性，缺少文化艺术意境的词素含量，就像早年乡土小孩起名"狗蛋""毛头""和尚"，显得很乡土俗气。让我们想到"掼蛋"的命名就是出自乡土农民的口头创作，从这里流行的南闸部分掼蛋民歌民谣中不难看出其自由的流俗性。

"文化大革命"后期，大集体劳动极其繁重，最初玩掼蛋的基本不是农民。目前根据该地一些老同志回忆，那年代农民成年累月"大干"夺高产，"吃三睡五干十六""两个黑洞洞三个急冲冲"，大年初一都要上工，过革命化春节，那个年代农民很少公开游戏娱乐，当然也包括用两副扑克牌玩掼蛋。

掼蛋从那个时代兴起，可视为一种逆反现象。因为大集体劳动是一种绝对地强制，多是口号高于行动，喊大干不大干。我找一位早年的蛋友调查，他说不是自己思想落后，干部来了，才故意下力干活，而是因为口粮少、收入少，谁愿意超负荷大干？常规是出工不出力。还有一些干部光指挥不下地，社员干活因此就没有积极性。

其实，那个年代他们扑克牌没有少玩。要说掼蛋的起源，还就是基层干部带的头，掼蛋冠名人孙老爹（当时职务是公社革委会副主任），他说虽然不在第一线劳动，但要监督下面劳动，深夜要等每个大队报生产进度，要向上报生产和敌特情报，很紧张，经常熬夜到天亮，值班没有事，不能干坐着，没有电视看，只好吹牛或玩扑克，玩的扑克就是才开始流行的新潮两副牌的"打对门升级"。

玩扑克时，人们在一起特别随便，大哥二哥把子哥，"软皮蛋""胡扯蛋""呵二蛋""王八蛋"等相互抱怨、呵斥、指责，骂声不绝，再说在兴奋时那种掼牌架势几乎要把屋子掀翻了，这样就出现"掼蛋"的戏谑之称，然后也就渐渐相传开来。

也有另一种说法，掼蛋的"蛋"最初是炸弹的"弹"，这个说法也有依据，掼蛋牌式里有炸弹依次轰炸，这也与时代背景有关。20世纪60年代中国第一颗原子弹爆炸成功，当时学习最高指示，毛主席语录有"一切反动派都是纸老虎，原子弹也是纸老虎"，这些话语乡野老百姓也都耳熟能详。但当时只是口头说说，并没有文字记录和文章考证，究竟开始使用的是"蛋"还是"弹"，叫人说不清楚。

总之，这掼蛋起名的由来绝对与乡野的通俗文化有关，"掼蛋"一词透着粗野和半文明，也就是说，掼蛋起名应该来源于乡野的民俗文化，不可能是都市市井风雅文化的产物。

三、打法探源

既然承认淮安南闸是掼蛋的发源地，这里不光是命名的追溯，更牵涉到打法的探源，说明掼蛋的打法与牌式的各种基础花式形成都产生于这里的母地。

对于掼蛋中原始的几种组合打法，我们通过对南闸乡野文化的调查和了解，发现有一些是合理的约定俗成之根。

像"红桃"逢牌配，之所以用红桃，应该有几种原因。其一是对那个年代红太阳象征的反映，体现出的是一种时代的烙印；其二是南闸曾流行一种"红桃棍"的扑克牌玩法，"棍"表示是光棍单张，可以随意与其他色彩牌配对结合；其三则是沿袭南闸传统小鬼牌当中的"红总王"逢牌配。

"三连对"这种牌式的出现也很有意思。传说有一家办喜事，亲戚上门，三个姐夫与小舅子玩牌，大姐夫就出了"三连对"的六张牌，一开始其他人不同意这种打法，认为一下出牌太多，这大姐夫就狡辩，说这组合就叫"三连襟"，后来有人改为"三姐妹"，这样就流行开来，所以这种牌式目前在南闸还有许多人说成是"三连襟"。

"三带两"的牌式是沿袭南闸最传统的"打夯"打法，"三个头带一对"为"一夯"，这是沿用农家劳动方式，"打夯"是一种压土的小团体劳动，"夯"多为打磨过的圆石块或重木块，有五个孔眼，穿五根麻绳，五个人从五个方向合力把夯荡起来，依靠夯的惯性下坠力量来夯实松土，所以南闸人称"三带两"叫"一夯"。

至于炸弹的牌式起源，道理很简单，主要是牌太多，摸牌一大把，这就牵涉到快速出牌和比大压牌，正好在"斗争"和"备战"年代，"原子弹""炸弹"是当时时髦的口头用语，这样就形成了组合压牌的炸弹等级，有"四个头"、"五个头"、"六个头"到"十个头"（即八个头加两张逢牌配），最后确定四个天地王在一起的"核讹诈"为牌中老大。至于同花，是因五张杂耍而引起，摸到同花概率较低，也把它确定在炸弹系列，压"五个头"小"六个头"。

五张杂耍及五张同花的出现主要是为了尽量少出单张而设计的牌式。至于"上下游""升级""进贡"等牌式，则是受舶来的影响，那是吸收了当时在外地流行的"打对门"及"升级"的打法。

当年南闸掼蛋打法一局时间比较长，"升级"递进慢，对门一上一下留级，捉对方一人下游升一级，对方双下游则升三级，升级到 A 时硬过关，下家接风，对门容易接受包围，硬过关为东山再起提供了转机。

四、流行探源

掼蛋，20 世纪 60 年代能在南闸形成流行气候，在小范围内形成规模，主要是南闸父老乡亲自然纯朴、邻里和睦，很容易因亲情集聚到一起，夏日纳凉、劳动之余，树荫下四人围着方凳，席地而坐就是一个场次，相当普遍。

为什么掼蛋有好多年一直没有向外传，直到近几年才在全国风靡。其原因也有几种：第一，20 世纪 60 年代，农村公社集体劳动，劳动力极少外流，这样"掼蛋"也就自然长期蔽塞在本地。

第二是交通不便，当时南闸到县城没有公路，公交车不通，对外文化交流形成死角和短路，再说"掼蛋"牌式有较强的乡野性，花式打法设置都不太成熟，计划经济时代，扑克牌也不畅销供应，所以好多年这种掼蛋一直在本地打转。

掼蛋向外扩展和流行，主要还是在改革开放以后，社会流动加快、农民进城务工，这时，聪明的南闸人都能自由地前往天南海北，也就很骄傲地把本来闭塞的掼蛋娱乐文化开始对外传播和拓展。

我听这里"掼蛋"元老们介绍，最初扩展到邻近乡镇，是大搞兴修水利的挑河工阶段，那是20世纪七八十年代，一次是治理淮河大河工（挑淮安翻水站一站二站工程），另一次是到淮安城区挑桃花垠风景区工程。

挑翻水站工程，指挥部及民工居住点比较分散，运西几个公社的民工混杂住在附近老百姓家里，工程量任务不重，南闸带队干部及民工有与其他公社人相互交流的机会，邻乡人都认为南闸人玩掼蛋游戏有一种特殊的新奇，于是就开始模仿起来。

至于挑淮安桃花垠风景区（就是后来建周恩来纪念馆的地方）工程，民工更是自由，与全县民工及干部接触交流的机会更多。因桃花垠水土层比较复杂，原深潭有很厚的淤泥层，渗水特别快，不好用担子挑，需要排水清淤，再加阴雨天多，常常是挑一天歇两天，很浪费工时，民工没事干，只好在工棚玩牌，这样就有更多人模仿，认为玩掼蛋特别过瘾，时间不长就在淮安全县传播开了，包括淮安县城区。这就是淮安（县区域）在20世纪80年代开始流行掼蛋的依据。

掼蛋向外流传也曾有过反复，有一阶段南闸四周，淮安区的其他乡镇、淮安城区、宝应、金湖等地也基本形成掼蛋高潮，但后来受到外来的四十分下台和八十分严重冲击，形成了回潮，只有南闸人坚定信念，一直坚守和坚持自己母地掼蛋打法。

要说掼蛋对外流传的大扩展时期，还是在普遍"打工时代"，世纪之交，全乡有近万名青壮劳力外出发展，而现代教育事业也日益发达，南闸大学生越来越多，到外地就业的年轻人也越来越多，他们尽管文化层次较高，但家乡这种"掼蛋"扑克娱乐方式很有原生态的乡野乐趣，对他们很有吸引力，他们也就势向都市知识领域及社会推介，这样，起源于水乡南闸的掼蛋也就越传越远。

再说近些年随着南闸民歌的出名，引来全国包括海内外众多艺术家到这里探矿寻宝，民歌文化与掼蛋文化是同出一辙的乡野母体文化，小地方的乡野文化风景受到更多人的关注，很快形成广角推介优势和规模也就不奇怪了。

五、传承探源

"无心插柳柳成荫"，这些年，没有想到掼蛋扑克游戏很快就风靡全国，成了大区域体育和文化爱好者的娱乐珍宝。这样就有好多专家学者热心追溯和考察这项目的源头，找寻这项目开始流行的故乡，当他们把着眼点定格在江苏淮安南闸小镇时，先是怀疑，后是相信，众多的文化迹象和现象表明，掼蛋发源地非它莫属。

掼蛋发源地的确定也让小镇文化底蕴有了一个较大提升，眼下掼蛋这种娱乐及体育文化综合艺术之所以成为全国大区域的时髦风景，我们认为这与南闸小镇人的长期传承和不懈推介有很大的关系。

之所以掼蛋文化能够很快向全国蔓延和扩张，正是因为南闸小镇人具有坚韧的传承魅力和坚守精神，说明这小镇多年来已有多名娱乐文化先驱一直在辛勤努力和打造，是他们把掼蛋打造成娱乐文化及体育文化的品牌雏形，让这种娱乐文化、体育文化的品牌有了可塑的基础。

这么多年来，他们在传承方面做了哪些工作呢？主要是他们通过长期娱乐实践和探索，谋划出一种定型的游戏规则和竞赛规则，这两种规则在南闸民间成形、定型以至不断完善，虽然还很不成熟，但毕竟有了良好的基础。

南闸本地的掼蛋传承也经历了几个阶段，20世纪60年代中后期，南闸有东路掼蛋与西路掼蛋的雏形，规则也有差异，东路是以几所学校的年轻教师，他们都是"文革"参加大串联的学生，带回一种多牌打法；西路则是一些公社干部兴起的轰炸打法，到20世纪60年代与70年代之交，有了掼蛋的命名，在民间东西路便汇合一体，也就形成了目前南闸掼蛋的打法。

掼蛋最初的赛事比拼也是南闸掼蛋先驱者的功劳，这就牵涉到地方体育工作者的积极参与，通过集体研究和策划，确定比较系统而又可行的竞赛规则，这样就让乡土的掼蛋流散活动成了一种有管束有规则的文化娱乐及体育文化项目。

当年淮安县对水乡文化教育极为重视，"文革"后期组建的南闸中学分来一批优秀的文化体育师资人才，校长方言贤在学生时代就是优秀的体育运动员，在无锡市举办的学生体操、举重比赛中获得过好名次，有丰富的体育工作经验，在南闸期间一直是南闸农民体育教练和策划者，体育教师玛士岱同志是"文革"前淮安最高学府淮安师范学校的优秀体育老师，曾是淮安田径队和篮球队的特聘教练。

在锐意改革的1985年，正是南闸民歌与南闸掼蛋活动兴盛时期，当年地方党委政府特别重视抓文化娱乐活动，期间又是淮安争创全国群众体育标杆县的年月，公社文化站挂牌体育辅导站，这样就在那一年"五一""五四"举行了两个规模较大的文化体育赛事，有团委、妇联参与，即南闸乡土民歌比赛和南闸掼蛋比赛。

掼蛋比赛的承办单位为南闸中学（后来叫南闸职业中学），方言贤校长是总策划人，玛士岱老师为裁判长，比赛共有三十二个代表队（社直办、学校、各大队），五十六个组合，赛事一天（有秩序册），到下午五点决出名次，由领导人颁奖。这应该是掼蛋项目在发源地组织的一次比较上规格的赛事。21世纪伊始，南闸镇还举行了两次较大规模的掼蛋比赛，活动都是赞助单位支持，工会、文化站承办，有可考记录。

"掼蛋"在南闸流行了五十年，时代、形势、世态都发生了巨大变化，这既体现了南闸人文化的坚守精神，也说明这种打法充满趣味性、娱乐性、把玩性、哲理性，很值得留存和传承，加之南闸文化工作者众多，有《现代快报》常务副总编，新华日报、中国法制报、中央电视台、淮安日报、淮安电视台众多记者，他们都在尽力宣传家乡，掼蛋居然在21世纪向大范围、大社会、大世界飞速扩展，成了整个中国扑克娱乐风景，确实称得上文化奇迹。

目前，作为掼蛋起源地的江苏省淮安市淮安区南闸镇，这里干部和老百姓很是珍惜这特殊的文化资源风景，地方党政部门也很重视对掼蛋文化资源的挖掘、保护和传承工作，2011年专门成立特色文化办公室，共有十名老干部、老教师、老文化自愿者投入掼蛋文化发源地的保护传承工作，建立掼蛋文化理论研讨小组，注重对掼蛋文化予以深层次的研究，搜集掼蛋起源时期的民歌民谣、民间故事、民间趣闻、民间笑话、民间俗语等各种文本资料和掼蛋初期相关老物件，使掼蛋母地文化驱动形成合力，继续扩大掼蛋活动的影响，主动与大社会体育文化、媒体、掼蛋沙龙等相关组织联系，加强对掼蛋发源地的冠名保护、资源保护、版权保护，不让掼蛋起源之乡名誉流失，申报南闸掼蛋起源之乡非物质文化遗产项目，让南闸这掼蛋起源之乡的美誉载入地方史志历史，让南闸这掼蛋起源之乡成为祖国体育文化、娱乐文化百花园里一朵艳丽的奇葩。

作者简介：金　矿，汉族，1952年出生，大专文化，江苏省民间文艺家协会会员，淮安市民间文艺家协会副秘书长，淮安区民间文艺家协会主席，江苏省非物质文化遗产项目南闸民歌省级主要代表传承人，掼蛋发源地南闸镇掼蛋研究会会长。2010年起开始研究掼蛋文化，曾在《现代快报》《淮海晚报》发表《掼蛋形成之说》《掼蛋故乡的定位》《掼蛋流行简话》《小鬼牌》等文章，另撰写掼蛋研究相关文字资料约八万字。这篇论文参加江苏省民间艺术研究论坛（2015年10月在昆山举行）并获优秀奖。

附录二　国家体育总局《掼蛋竞赛规则》

淮安掼蛋竞赛规则

国家体育总局棋牌运动管理中心审定

2017 年 1 月

编委会名单

编辑委员会

主　　任：杨俊安　陈　涛　王红红

副主任：陈泽兰　杨伊明

委　　员：白　岷　王立华　赵志鹏　朱　洁　卞　玉
　　　　　戴志文　冯　喆　张小海　王兆银　徐冲冲
　　　　　时正洲　祁德霞　朱京华

编写组

组　　长：兰国伟

成　　员：朱海武　华　明　徐建明　厉　钢　祁　军
　　　　　伍　霞　栾　军　李元庆　朱洪斌　赵　迎

前　言

自从 2014 年国务院印发了《关于加快发展体育产业促进体育消费的若干意见》以来，全民健身已经上升成为国家战略，并把增强人民体质、提高全民健康水平作为体育发展的根本目标。秉承这一思路，国家体育总局棋牌运动管理中心以"创新、协调、绿色、开放、共享"的发展理念为指导，提出了"传统棋牌项目趣味化"和"趣味棋牌项目竞技化"的重要发展战略。

为了全面推进趣味棋牌竞技化的发展战略，国家体育总局棋牌运动管理中心在淮安掼蛋成为国际智力运动联盟智力运动精英赛表演项目的基础上，面向全国推出了淮安掼蛋项目。

淮安掼蛋发源于全国历史文化名城、一代伟人周恩来总理的故乡、人杰地灵的江苏省淮安市。淮安市委、市政府早在 2014 年就已把掼蛋确立为淮安市级非物质文化遗产和特色体育文化品牌项目。

淮安掼蛋初始于 20 世纪 60 年代，先是在淮安市的淮安区民间开展，90 年代后期逐步在周边地区开始流行。淮安掼蛋富含聪明智慧，技战术组合千变万化，有包容、有竞争，还要讲究集体配合。如今，掼蛋已在全国各地逐渐流行和普及，各个地区、各种形式的掼蛋比赛源源不断，很多网络和电视栏目的掼蛋比赛也非常红火，掼蛋已然成为全民健身和体育休闲活动的新兴项目，深受广大群众喜爱。

为全面推广、普及淮安掼蛋，使其能健康、有序、规范、快速发展，进而为举办全国性和国际性掼蛋比赛打下基础，国家体育总局棋牌运动管理中心委托淮安市体育局组成了《淮安掼蛋竞赛规则》编写组，在 2015 年 9 月颁布的淮安市《掼蛋竞赛规则》的基础上，总结了近年来各地区在组织开展掼蛋比赛活动中的经验和教训，借鉴了《竞技二打一扑克竞赛规则》等有关项目规则，在编写出《淮安掼蛋竞赛规则（讨论稿）》后，经出席"淮安掼蛋项目发展研讨会"的多位领导和专家研讨论证，又进行了多处修改和调整，形成了这本《淮安掼蛋竞赛规则》。

希望《淮安掼蛋竞赛规则》的颁布实施，能够更好地推动掼蛋项目更加健康、有序、竞技化的发展，更好地帮助广大群众参与到淮安掼蛋赛事活动中来，享受智力运动的乐趣，创新掼蛋赛事的形式，拓展掼蛋的市场开发。

国家体育总局棋牌运动管理中心期待能以此为着力点，进一步推动群众性棋牌运动的广泛深入发展；进一步提升广大群众自主参与棋牌运动的积极性和主动性；进一步挖掘广大群众在趣味棋牌运动中的巨大消费潜力；进一步创新趣味棋牌竞技化发展的新模式；进一步为棋牌产业的发展增加新的动力。最终实现各项传统棋牌运动和趣味棋牌运动的全民普及与国家体育产业共同发展的美好愿景。

2017 年 1 月

目 录

第一章 总则
　第一条 宗旨
第二章 定义
　第二条 掼蛋定义
　第三条 术语定义
　第四条 牌型与名称
第三章 比赛通则
　第五条 洗牌与抓牌
　第六条 打牌
　第七条 参谋与红心参谋
　第八条 牌型大小的比较
　第九条 借风出牌
　第十条 贡牌与还牌
　第十一条 出牌方式
　第十二条 10 张报牌
　第十三条 每局比赛的计分
　第十四条 牌局结束和每轮比赛胜、负、平局的判定
第四章 违规与判罚
　第十五条 违规发生后的处理方法
　第十六条 处罚方式
　第十七条 暴露张与出错牌及其处理
　第十八条 越序抓牌、越序出牌与越序表态及其处理
　第十九条 贡错牌、还错牌及其处理
　第二十条 明显传递非法信号及其处理
　第二十一条 迟到
　第二十二条 拖延比赛时间

第五章 运动队（选手）退出比赛及其处理
　第二十三条 运动队（选手）退出比赛的提出
　第二十四条 运动队（选手）退出比赛的处理办法
第六章 赛事分类
　第二十五条 赛事分类
第七章 赛制的选择
　第二十六条 淘汰赛
　第二十七条 循环赛
　第二十八条 积分编排赛
　第二十九条 积分编排赛+低位淘汰赛
　第三十条 积分编排赛+多局制淘汰赛
　第三十一条 限定场地赛+网络赛（或电视赛）
　第三十二条 网络与电视掼蛋比赛的赛制及其比赛规则
　第三十三条 复式赛
第八章 竞赛组织及其他
　第三十四条 设立竞赛机构
　第三十五条 裁判员职责范围
　第三十六条 限定场地赛赛场纪律
　第三十七条 限定场地赛行为准则
　第三十八条 比赛场地器材
第九章 申诉及解释权
　第三十九条 申诉
　第四十条 解释权
附录

第一章　总则

第一条　宗旨

淮安掼蛋是一项新兴的棋牌类休闲体育活动，由于它具有千变万化的趣味性、方便易学的普及性、随处可玩的方便性以及网络流行的快捷性，从而深受广大人民群众的喜爱，并极大地丰富了人民群众的闲暇生活。

为了推动我国智力运动的发展，丰富我国趣味棋牌竞技种类，使掼蛋项目得到全面推广和普及，并逐步走上健康、有序的竞技化发展轨道，特制定本规则。

第二章　定义

第二条　掼蛋定义

掼蛋是以扑克牌为主要竞赛器材，由两名选手组成一对与另一对选手相对抗的智力竞技扑克项目。

掼蛋需采用二副标准扑克牌（共108张牌）进行升级比赛。一副牌为54张，分为黑桃（♠）、红心（♥）、方块（♦）、梅花（♣）四种花色和大、小王。每名选手都应有27张牌，每一圈牌的领出牌者可以出单张、对子、三同张、三带对、五张顺子、三连对、三同连张、炸弹等规定的不同牌型，以后各选手可轮流跟进压牌，直至无人再压牌时，则由这圈牌的最后压牌者再领出下一圈牌的牌型。

在每一副牌中，以四名选手中最先出完全手牌的一位选手为上游（亦称头游），其余依次为二游、三游、下游（即四游）。只有上游一方可以升级，而下游方则需在下一副牌开始前向上游方贡牌，一局牌的比赛最终以双方升级级数的高低（最高为"过A"）决定比赛的胜负。

掼蛋最突出的特点是每副牌都增加了2张红心级牌（又称红心参谋、逢人配、百搭）。由于红心级牌可以任意搭配各种牌型，因此极大丰富了掼蛋比赛中各种技战术的组合变化。

第三条　术语定义

一、己方和对方

比赛须由四位选手组成两对搭档进行。由本家与搭档（对门）组成己方；由另一对选手（上家和下家）组成对方。

二、上家和下家

位于本家左方的选手称为上家。

位于本家右方的选手称为下家。

三、全副牌

在一副牌中，四名选手所抓（发）得的全部牌张，共有108张。

四、全手牌

在一副牌中，一名选手所抓（发）得的全部牌张，共27张。

五、一副牌

四名选手从抓第一张牌到有三名选手先后打完全手牌，由此分别产生上游、二游、三游及下游。如果是打成"双下"（即同一方的选手分别获得上游和二游）时，则一副牌自然结束。

六、一手牌

某位选手一次所打出的牌，可以是一张也可以是多张。

七、一圈牌

四名选手先后按领出的牌型相继出牌、逐级压制的过程称为一圈牌。一圈牌中可以有人不出牌，连续三人过牌不出时，该圈结束。

八、领出牌

每圈牌首先出的牌，称为领出牌。

1. 一局牌第一副牌的第一圈，是由抓到抽出的牌张者先领出牌。以后每副牌由向上游贡牌的下游者领出牌。

2. 如不需贡牌，则由上游者领出牌。

九、上游、二游、三游、下游和"双下"

一副牌中，第一个把全手牌出完的选手是上游；第二个把全手牌出完的选手是二游；第三个把全手牌出完的选手是三游；三游出完全手牌后，未出完牌的选手就是下游。

如果是同一方的选手分别获得上游和二游，则这副牌的结果称为"双下"。

十、升级

只有获得上游的一方可以升级。

1. 掼蛋比赛每局第一副牌从打 2 开始。每副牌结束时根据获上游选手的搭档获得二游、三游或下游的不同情况，确定上游方的升级数。

2. 如果上游选手的搭档为二游（双下），则上游方升 3 级；如其为三游，则升 2 级；如其为下游，则升 1 级。

十一、级数

是指每局牌从 2 至 A 的从小到大依次排列的每一个序数，包括 2、3、4、5、6、7、8、9、10、J、Q、K、A、过 A（亦称 A+）共十四个级数。

十二、记级

每打完一副牌在记分表上记录比赛结果，称为记级。

十三、局

是由若干副牌组成的每轮次（单元）比赛胜负的基本单位。

十四、轮

是指参赛选手之间轮流交替比赛的轮次。每轮比赛可以是一局，也可以是多局。

第四条 牌型与名称

一、单张：可以是手中的任意一张牌。

二、对子（一对）：两张牌点相同的牌，两张牌的花色可以不同。

三、三连对（俗称木板）：三对相连的牌。如 22 33 44、77 88 99。

说明：必须而且只能是三连对作为一手牌同时打出，不可以二连对，如 33 44 或 77 88，也不可以四连对或四个以上的连对，如 AA 22 33 44，JJ QQ KK AA 等。

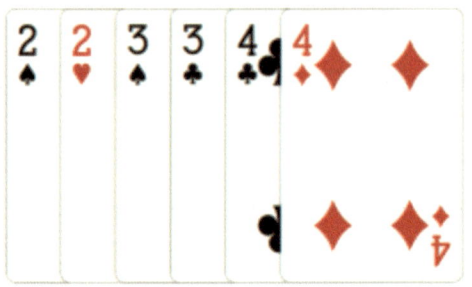

一对参谋可以按其自然顺序参加三连对同时打出。当 2 是参谋时，不可以 KK AA 22 打出，只能算 22 33 44 打出。而 AA 则既可以作为 AA 22 33，也可以作为 QQ KK AA 打出。

四、三同张（俗称三不带）：三张牌点相同的牌，三张牌的花色可以不同，如 666 等。

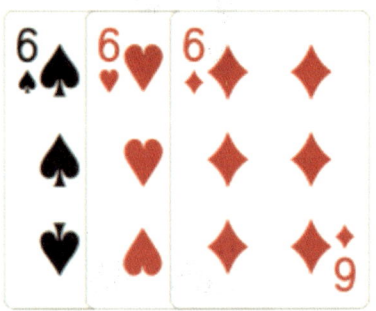

五、三同连张（俗称钢板）：两个相连的三同张牌，如：333 444，888 999。说明：一手牌不可以有三个或三个以上相连的三同张牌，如：JJJ QQQ KKK 等。A 和 2 的使用与第三款相同。

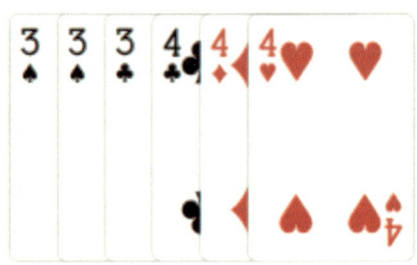

六、三带对（俗称夯）：三同张可以带一对相同牌点的牌作为一手牌同时打出，如 999+JJ。说明：三同张不可以带一张牌，也不可以带二张牌点不同的牌。

七、顺子（俗称杂花顺）：五张且只能五张相连的单张牌，花色可以不限。例如：3、4、5、6、7；8、9、10、J、Q 等。需要说明：当 A、2 在构成顺子时，可以 A、2、3、4、5 或 10、J、Q、K、A，而不能组成 J、Q、K、A、2（2 是参谋时）这样的顺子。

八、炸弹：四张或四张以上牌点相同的牌，如：4444、JJJJJ、777777 等。

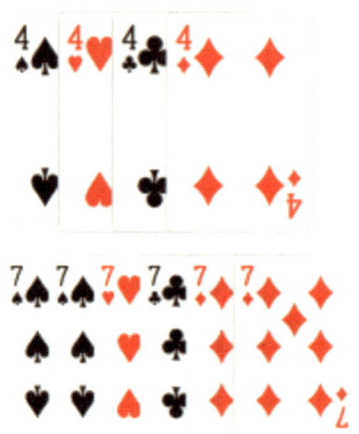

九、同花顺（俗称火箭）：五张且只能五张相连、花色相同的顺子，如：红心3、4、5、6、7，黑桃10、J、Q、K、A等。

十、四大天王（俗称王炸）：大小王各两张。

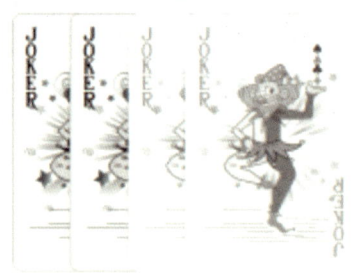

第三章 比赛通则

第五条 洗牌与抓牌

一、洗牌、切牌和抓牌

1. 比赛开始前，须将牌均匀地洗好（3~5次）后放置牌桌上，以后每次洗牌必须均匀地洗2~3次。

2. 第一副牌可由任意一名选手洗牌，由对方任意一名选手切牌并翻出一张牌，自他开始按此牌点数按逆时针方向来决定由谁先抓第一张牌。如翻出的牌为大、小王，则需重切重翻。

3. 第二副牌以后由下游洗牌，由上游切牌，下游先抓牌。如双下时，则由上游的下家先抓牌。

4. 洗牌者均匀地洗牌后，不允许有切牌或乱插牌等多余动作。

5. 上游者应尽可能均匀地从牌墩中间切牌，不允许只切上面或下面的五张以内的牌，也不允许数牌张后切牌。

6. 抓牌时务必牌面向下，按逆时针方向依次抓牌，每人每次只能抓一张牌。

二、重洗与重抓

全副牌抓牌完毕，各选手应自行清点手中牌张数，若发现张数不符时，须召请裁判员清点每家手中牌张数；若各家张数无误，可继续比赛；若有张数不符则须换牌后重洗重抓。

三、使用自动发牌机（桌）的比赛，其洗牌、发牌可按发牌机设定的程序进行。

第六条 打牌

全副牌抓完后，进入打牌阶段。

一、打牌均按逆时针顺序出牌。领出牌时可以出任意合理牌型，其余三家须按照相同牌型按顺序轮流选择压（盖）牌，也可以出炸弹，下一家出的牌必须大于上一家出的牌。

二、若无压牌或选择不出时，称为过牌。比赛时，选手对过牌可选用语言"过"或用团手轻敲桌面来表示。但是在一局牌中，一名选手只能选择某一种固定的表示方法。

三、如果其他三家选手都选择过牌，则最后出（压）牌的一方可以领出新的牌型。

四、重复步骤一的程序，直到有三个选手的全手牌出完时，一副牌自然结束。如果同一方的两名选手分别获得上游及二游（双下），则一副牌自然结束。

第七条 参谋（即级牌，以下统称参谋）与红心参谋

一、参谋的大小

当所打级数为×时，与所打×相同数字的所有花色的牌都是本局的参谋。它们小于小王、大于A（打A时A就是参谋）。

二、红心参谋

当级数为×时，红心×可作为万能牌配用，称为红心参谋（俗称逢人配或百搭，但不可以配大、小王）。可以配成任意牌型和花色。如是组成特定的牌型，应在打出后立即加以说明。以打2时红心2为例：

1. 对子：梅花8+红心2，算一对8；

2. 三带对：KK+66（可任意配不同花色）+红心2，可算三张K带一对6；如算三张6带一对K，须在打出后立即说明；

3. 四张及以上炸弹：如666（任意花色）+红心2，算四张6等；

4. 三连对：55677 或 55667+红心2，均算 556677 的三连对；

5. 顺子：4568 或 4567（任意杂花色）+红心2，均可算 45678 的顺子

6. 同花顺：789J 或 78910（方片）+红心2，均可算 78910J 的同花顺；

7. 三同连张：33344 或 33444（任意花色）+红心 2，均可算 333444 的三同连张；

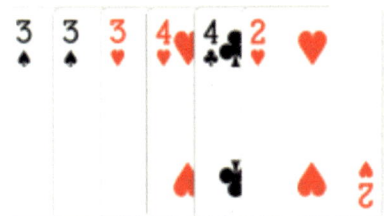 

三、参谋的插带使用

1. 参谋既可以大于 A，也允许按自然顺序插在顺子或三连对、三同连张、三带对中使用。

2. 当红心参谋参加组成特定的牌型时，必须在打出后立即加以说明。例如：当配在顺子的两端时，须说明算大点还是算小点。当配在二个对子作为三带对打出时，需说明算大点的三带对还是算小点的三带对。当二个红心参谋加在二个连对打出，如与 7788 同时打出时，需说明算三连对还是三同连张等。

第八条　牌型大小的比较

一、牌点由大到小排列为：大王、小王、参谋、A、K、Q、J、10、9、8、7、6、5、4、3、2。以下各种牌型都不分花色。

二、单张、对子、三同张、三连对、三同连张、顺子、同花顺等牌型，直接根据牌点确定大小。

三、三带对：仅比较三同张的大小，不比较所带对子大小。

四、炸弹：炸弹可炸单张、对子、三同张、三带对、三连对、三同连张、杂花顺等牌型。五张炸弹可压任何4张炸弹而不比较牌点数大小。张数多的炸弹可以压任何张数少的炸弹。如果炸弹的牌张数相同，则按牌点确定大小。

五、同花顺（火箭）："同花顺"可压5张（含5张）以下的炸弹，牌点大的"同花顺"可以压牌点小的"同花顺"。

六、六张及以上张数的炸弹可以压"同花顺"。

七、四大天王：4张大小王作为一手牌齐出，是最大的炸弹，可以压所有的牌。

第九条　借风出牌

如上游选手出完最后一手牌后，其他三家无人压牌，则由上游的搭档借风出牌（俗称对门借风）。

第十条　贡牌与还牌

一、贡牌与还牌

一副牌开始前，上一副牌的下游者需向得上游者进贡一张牌，进贡的牌必须是自己手中最大的牌（"红心参谋"除外）。接受进贡者须将自己手中的一张牌还给进贡者，并由下游者出牌。

还给己方搭档的牌必须是10以下（含10）的牌；还给对方的牌可以为任意牌。

二、双贡及其还牌

"双下"时，下游方的二名选手都应向上游方分别进贡，称为双贡。

双贡时，上游者拿贡的大牌，并还牌给贡大牌者。二游者拿贡的小牌，并还牌给贡小牌者。由贡大牌者在第一圈领出牌。如双方进贡的牌一样大小，则按照顺时针方向进贡。还牌时应将牌面向下，按逆时针方向分别还牌。双方得牌后同时亮牌，并由上游者的下家（右手方者）领出牌。

三、抗贡

下游者抓到两个大王，则不用进贡，由上游者领出牌。

双贡时，如下游方二人各抓到一个大王或任一方抓到两个大王，则都不用进贡，由上游者领出牌。

第十一条　出牌方式

一、出牌时，应将一手牌一次性出完，不得分次出牌。

二、出顺子、同花顺、三连对、三同连张、三带对等牌型时，必须按从小到大、从左到右的顺序，一次性出完牌，牌张不得杂放。

三、当红心参谋参加组成特定的牌型时，必须将其放在应有的位置处。

四、每次打出的牌必须放在示牌区内，不得与其他选手的出牌杂放。待一圈牌结束后，要把自己打出的牌牌面向下，按顺序置放于本人面前桌上规定的弃牌区内。任何选手不得翻查其他选手弃牌区的牌张，也不得将本人弃牌区的牌张再明示给他人。

五、如有选手未按规定方式出牌，一经发现后，第一次可给予违规者口头警告，如同一对选手再次出现未按规定方式出牌，则记违例一次，并停止该选手一圈出牌权或跟牌权，如同一对选手第三次出现未按规定方式出牌，可判罚犯规一次。

第十二条　10 张报牌

每名选手在打完一手牌后手中牌达到 10 张以下（包括 10 张牌）

时，必须主动报

张数（每次全手牌只报一次），称为 10 张报牌。

一、如选手没有按规定主动报张数而继续比赛，则对方选手有权要求其将牌收回至需报牌时的状况，重新报牌后继续进行比赛。并报请裁判给予未报牌者口头警告一次。

二、如同一对选手在一局比赛中再次发现没有主动报牌，则记违例一次，并停止其一圈出牌权或跟牌权。

三、一名选手 10 张主动报清楚牌张后，任何一方选手均不得再次询问其手中牌张数。该选手也不得以任何方式作出回答。违者第一次给予警告，第二次记违例一次，并停止其一圈出牌权或跟牌权。

四、在 10 张报牌的同时应将自己的报牌卡放在报牌卡区内，直至一副牌结束后收回报牌卡。

五、对于报牌有其他规定的，应在比赛规程或补充规定中予以明确。

第十三条　每局比赛的计分

一、每打完一副牌记一次分，把每副牌后双方各级情况记录下来。记分是双方比赛过程的原始记录，也是最终判定胜、负、平的文字依据。

二、每局比赛分别按场分和级分（26 分制级差分）计分。

三、每局比赛结束时，胜方场分得 2 分，负方得 0 分，平级双方场分各得 1 分。级分均按 26 分制级差与级分换算表对照计算（比赛规程也可另行规定级分计算办法）。

第十四条　牌局结束和每轮比赛胜、负、平局的判定

一、一局牌的比赛最终以双方升级级数的高低（最高为"过 A"）

决定比赛的胜负。

可以从下列四种方法中选取一种作为一局比赛结束和胜负的判定：

1. 计局制：一方过 A 取胜结束（A 必须打，不得直接升级过 A）。但必须一人是上游、另一人不是下游才能算取胜，否则需再继续打"A"。

2. 计副制：双方每局共打若干副牌（可由比赛规程规定具体副数），在若干副牌结束后，以级数高者为本局胜方。如其间某方已过 A 则自然结束（过 A 要求同 1 款）。如为平级则按第十三条之第三款计算双方得分。

3. 计时制：双方每局共用时 1 小时（或根据比赛规程另行制定每局用时）。比赛时间到时比赛结束，以级数高者为本局胜方。如一方过 A 则自然结束（过 A 要求同 1 款）。如为平级则按第十三条之第三款计算双方得分。

4. 计时计副制：每局比赛在达到规定的时间或规定的副数时，比赛即行结束，以级数高者为本局胜方。如其间某方已过 A 则自然结束（过 A 要求同 1 款）。如为平级则按第十三条之第三款计算双方得分。

二、一轮比赛的胜负

每轮比赛可以采用一局决胜负，或采用三局二胜制等方法，均需在比赛规程或补充规定中予以说明。

三、平局

采用计时制或计副制的积分编排赛与循环赛时，当比赛规定时间或规定副数已到，双方若级数相同，可作为平局。平局则应按第十三条之第三款计算双方得分。

若采用淘汰赛赛制时，不论采用计局制、计副制或计时制，每轮比赛的双方都必须分出胜负。

第四章　违规与判罚

第十五条　违规发生后的处理方法

在比赛中，一旦发生违规，同桌的 4 名选手均有权立即指出。应停止打牌并立即召请裁判员前来处理。

1. 一般行为由临场裁判员处理。

2. 牵涉到犯规和一局胜负的判罚由裁判长裁定。

3. 有多项判罚选择时，由裁判长决定。

第十六条　处罚方式

一、警告

有违例、违规或干扰比赛的言行，但性质轻微，又未造成非违规方损失的，由裁判员给予口头警告一次，并记录在案。

二、记违例与停止一圈出牌权

有较严重的违例、违规或干扰比赛的言行，由裁判员给予指出，记违例一次，并停止其一圈出牌权或跟牌权。

三、记犯规与一副牌判负

1. 在同一轮比赛中，当同一对选手中出现第二次违例或明显干扰比赛的言行，由裁判员报经裁判长确认后记犯规一次，本副牌判负，按双下记分。下一副牌不需贡牌，第一圈由对方指定一名选手领出牌比赛。

2. 在比赛中有明显违例、有明显非法信号等严重干扰比赛的言行，或发现有多牌、少牌、藏牌、偷牌、故意拖延比赛时间等行为，并造成非违规方损失的,可直接由裁判长宣布记该对选手犯规一次,本副牌判负,按双下记分。下一副牌不需贡牌,第一圈由对方指定一名选手领出牌比赛。

四、一局比赛判负

如在一局比赛中一方选手有三次犯规,或犯规性质恶劣,或有不服从裁判、态度恶劣的,或者一方弃权等情况,可由裁判长宣布其一局比赛判负,其对手的得分按场分2:0,级分18:0处理。如果其对手的级分差已超过18分的,按其实际级分计算。

五、停赛

如犯规性质极为恶劣,有恶意犯规,串通作弊等行为,或第二次一局比赛被判负的,则由裁判长宣布取消其继续参赛的资格,并通报停赛处罚。其对手的得分按场分2:0,级分18:0处理。以后各轮成绩按其中途退赛处理。

六、判罚的裁定

只有裁判员有裁定判罚的权利,违规一经指出,运动员无权自行裁定判罚。对运动员之间自行接受或放弃的处罚,裁判员有权予以承认或撤消。

七、裁判长的自由裁量权

对于比赛选手在赛场上的各种违例或犯规行为作出的判罚,只有裁判长具有根据比赛规则的自由裁量权。

八、处罚权的丧失

1. 出现违例、犯规但无运动员指出,或本应本圈牌指出违规的下圈牌才指出,或本副牌出现的违规下副牌才指出,对违规的处罚权可能丧失。

2. 非违规方的领队、教练员、非本桌运动员或由其他的观众率先指出违规，对违规的处罚权可能丧失。

3. 在召请裁判员之前非违规方运动员若自行采取行动，对违规的处罚权可能丧失。

4. 当非违规方因违规方对判罚不了解而采取不当获利行动时，裁判员可裁决处罚权丧失，且行动无效。

第十七条　暴露张与出错牌及其处理

一、打牌时，选手的牌张必须完全面向自己握在手上，且不得有任何暴露张出现，直到全手牌全部出完。

二、任何选手所出的牌，一旦被对方看到（并被指明是什么牌）后，不得收回重出。

三、出牌时，不管是有意或无意出错牌，或把别的牌带下来（暴露张），都要按出错牌进行处理，并需根据是领出牌方还是跟牌方分别处理：

1. 如是领出牌方出错牌，应将这手牌全部收回，并由其左手方选手指定他（她）重新出这手牌中的某一牌型。

2. 任何跟牌方所出的牌，如是错牌则须收回，停止该轮出牌权一次，由其下家出牌。

四、一名选手出错牌后，若其搭档获得该轮的下一轮领出牌权时，不可以出上轮暴露张者的主牌型（如三带对、顺子等）。违者须收回所出之牌，重出新的牌型，并视情节轻重给予口头警告或记违例一次。

五、不应贡牌者若出示了自己的最大张牌，则应在第一次轮到自己出单张牌时，首先出该张牌，或在未打单张牌时随非单张牌的牌型中打出。

第十八条　越序抓牌、越序出牌与越序表态及其处理

一、越序抓牌

抢先抓上家选手或其他选手应抓的牌称为越序抓牌。

1. 越序抓牌但并未看到的，一经发现须马上退回。

2. 越序抓牌已经看到牌张但尚未插入手牌中的，除马上退回外，可由裁判员给予口头警告一次。

3. 越序抓牌并已插入手牌中的，其退回方式为由应轮到的抓牌者从违规者手中任意抽出一张牌，并由裁判员根据其情节轻重给予口头警告或记违例一次。然后按正常顺序继续抓牌。

二、越序出牌

上家没有出牌或表示放弃出牌，下家就出牌，称为越序出牌。

1. 如是越序出牌，则须将此次出牌全部收回，停止该圈出牌权，由其下家出牌。此后本圈的跟牌权自动恢复。

2. 若其搭档获得该轮的下一圈的领出牌权时，不可以出上圈越序出牌者的牌型，违者须收回所出之牌，重出新的牌型。

三、越序表态

上一家选手对一手牌未明确表态不要时，其下方各家不得表态，否则称为越序表态。

1. 如是越序表态，违规方及其搭档本圈不得跟牌。

2. 如非违规方跟牌后，则违规方的判罚自动解除。

第十九条　贡错牌、还错牌及其处理

1. 下游者如未将手中最大的一张牌贡给上游（含双贡）者，称为贡错牌。

2. 上游者如将 J（含 J）以上的牌还给己方搭档，称为还错牌。

3. 贡错牌和还错牌后，在比赛未开始前发现并及时纠正的，给予口头警告一次。

4. 在比赛已经开始后，如果发现有贡错牌的情况，应立即判罚该选手手中的牌全部作废，将手中剩余牌面向下扣在桌上，判其该局比赛作为下游处理。如该选手在该局比赛中获得上游，则判二游选手成为上游，以下类推。

第二十条　明显传递非法信号及其处理

一、明显传递非法信号的行为主要有：

1. 利用语言和咳嗽等声音方式明显传递非法信号。

2. 利用多余的表情、手势与肢体动作等方式明显传递非法信号。

3. 利用换手握牌、团牌、把手中未打出的牌放在桌上等方式明显传递非法信号。

4. 利用出牌的速度和牌张的摆向等方式明显传递非法信号。

5. 不按规定的出牌方式出牌等方式明显传递非法信号。

二、对明显传递非法信号的处理

1. 根据其情节轻重，可由裁判员给予警告、记违例。

2. 对于同对选手第二次及以后再发生的，需报经裁判长同意后给予记犯规处理。

3. 对情节特别严重或多次犯规的，可给予一局比赛判负，直至停赛等处罚。

第二十一条　迟到

对于未按规定时间到达赛场的选手，应按比赛规程或竞赛细则等补充规定，给予相应的处罚。

第二十二条　拖延比赛时间

倡导有条件的办赛组织者在比赛中采用计时钟记时。

一、出牌：0~20秒属正常出牌时间；20~30秒给予口头警告一次；警告后10秒内仍不出牌，则记违例一次及停止其本圈出牌权一次，并由其下家出牌继续比赛。

二、贡牌：贡牌者须在抓完牌后15秒内贡牌。贡牌后，还牌人须在30秒内还牌，超时则给予口头警告一次；若再拖延超过15秒，则记违例一次，以下类推。

三、其他拖延比赛时间的行为：在比赛时有接、打电话，各种离开座位的行为，故意把牌张丢落地面，故意拖延洗牌、抓牌时间等。裁判员可根据其情节及造成的影响，分别给予警告、记违例一次及记犯规一次。情节特别严重的，应报请裁判长处理。

第五章　运动队（选手）退出比赛及其处理

第二十三条　运动队（选手）退出比赛的提出

运动队（或选手）不得无故退出比赛。确需退出者，须向竞赛部门提出并申明正当理由，经竞赛部门同意方可退赛。

第二十四条　运动队（选手）退出比赛的处理办法

一、在比赛第一轮开始前退出的比赛编排

1. 如系循环赛且剩余为单数，可按轮空处理。

2. 如系循环赛且剩余为双数，应重新抽签。

3. 如系积分编排赛，可考虑补足双数。

二、在比赛开始后退出的处理办法

1. 在循环赛中，凡已赛对手不足半数者，则其所有已比赛结果一概注销，但对手成绩依然保留；如达到或超过半数，则其成绩有效，当轮轮次按弃权处理，判其对手获胜，场分得2分，级分按18分计算；其余未赛轮次均作弃权，判其对手获胜，场分得2分，级分按18分计算。

2. 在积分编排赛中，不论比赛是否过半，已比赛结果均有效；当轮轮次按弃权处理，判其对手获胜，场分得2分，级分按18分计算。

3. 在淘汰赛中退赛，则判其本轮对手自然获胜，进入下一轮比赛。

第六章　赛事分类

第二十五条　赛事分类

比赛主办方可根据实际需求举办限定场地赛、非限定场地赛，以及两种方式相结合的比赛。

一、限定场地赛

由主办单位组织的，选手在规定时间及地点，在裁判员现场组织管理下，使用统一的桌、椅和扑克牌等器材，或使用统一联网设备和竞技软件参加的赛事。

二、非限定场地赛

由主办单位组织的，选手在规定时间，通过使用自有联网设备及竞技软件参与的赛事。

第七章　赛制的选择

比赛主办方可根据实际需求选用某种单一赛制或多种方式相结合

的赛制等。

第二十六条　淘汰赛

参加比赛的队（选手）数较多、时间较紧时，可酌情采用单败淘汰、双败淘汰或其他淘汰方式。

一、单败淘汰赛

两方选手中的负方被淘汰，胜方则进入下一轮并与新对手对抗，负方再被淘汰。如此进行到最后只剩一个胜方时，该方选手即为冠军。

应安排 2n 个队（对）参赛（n 为正整数），这样在比赛 n 轮后会产生冠军。应合理安排各轮对阵的对手，即应按各方选手的实力或以前一阶段比赛的名次作为参考，采用蛇形排列方法排出单淘汰赛各方选手的比赛位置，若参赛队（对）不足 2n，则应让实力较优者在第 1 轮比赛中轮空。

二、双败淘汰赛

一方选手负两场被淘汰的赛法。

1. 胜区

第一轮比赛结束后，会得出一组胜方和一组负方，通常称为胜区和负区。胜区继续进行第 2 轮比赛，其中又将有半数告负从而进入负区，直到胜区只剩下一个全胜方选手，即胜区第一名。

2. 负区

在负区中，按原种子分区相对应位置进行单淘汰赛。但第 2 轮是第 1 轮以后的各轮次负者之间在比赛，而从第 3 轮起则是第 2 轮负区的胜者与第二轮胜区的负者之间在比赛。直到负区也只剩下一个全胜方选手，即负区第一名。

3. 决赛

由胜区第一名与负区第一名进行最后的决赛，产生出冠亚军。

第二十七条　循环赛

在时间较为宽裕时，为使参赛者有更多的比赛和交流的机会，可酌情采用分组循环赛、单循环赛、双循环赛或其他循环赛方式。

一、分组循环赛（+复赛+决赛）

是指将参赛者先分成若干组进行预赛，通过各组循环赛，从各组选出一定名额参加复赛或决赛。分组时，应根据参赛者级别或比赛成绩安排各组种子。此赛制适用于参赛者较多的比赛场合。

二、单循环赛

是指所有参赛者之间循环比赛一次，此赛制适用于参赛者较少且时间较充裕的比赛场合。

三、双循环赛

是指参赛者之间循环比赛两次。此赛制适用于邀请赛、训练赛等参赛者很少的比赛。

四、名次的排定

1. 上述各种循环比赛结束后，按各参赛者场分的累计积分排定名次。场分累计积分高者名次列前；

2. 如遇场分积分相同的情况，先比 26 分制级分的高低，高者名次列前；

3. 如级分仍相同，则比双方（或多方）之间比赛级分的高低，级分高者名次列前；

4. 如仍相同，则再计算出双方（或多方）本次比赛各自对手的所有级分（对手级分，简称对手分），对手分高者名次列前；

5. 如仍相同，则可并列名次或抽签决定名次。

第二十八条 积分编排赛

在参赛者较多、赛程时间较短的情况下，可以采用积分编排赛。积分编排赛是通常情况下采用较多的一种赛制。

一、各轮次编排办法

积分编排赛的第1轮可按选手实力强弱，以蛇形排列方法排出第1轮对阵情况。如果对各参赛者的实力不清楚，可抽签决定第1轮对阵情况，以后在每轮赛后由裁判人员根据比赛积分进行下一轮的对阵编排工作。从第2轮起，比赛按高分对高分、低分对低分的原则（若场分相同，则按级分高低排定）安排对阵，任何参赛选手在一次比赛中只能相遇一次。

二、名次的排定

1. 在积分编排赛的全部比赛结束后，按各参赛者所有轮次所得的场分累计积分排定名次，场分累计积分高者名次列前；

2. 如遇场分相同的情况，先比26分制级分的高低，级分高者名次列前；

3. 如级分仍相同，则比双方（或多方）之间比赛级分的高低，级分高者名次列前；

4. 如仍相同，则再计算出双方（或多方）本次比赛各自对手的所有级分（对手级分，简称对手分），对手分高者名次列前；

5. 如仍相同，则可并列名次或抽签决定名次。

三、在积分编排赛的最后1-2轮，对积分排名靠前的选手之间的比赛可提出在出现平局时需加打一副牌以分出胜负的特定要求。

第二十九条 积分编排赛+低位淘汰赛

在参赛者人数很多、赛程时间较短的情况下，可以采用积分编排赛+低位淘汰赛。这种赛制可以采用多单元比赛方式。

一、比赛第一单元采用积分编排制比赛2—3轮。然后淘汰积分较低的若干对选手后进入第二单元比赛。

二、比赛第二单元采用积分编排制比赛2—3轮。然后再淘汰累计积分相对较低的若干对选手后进入第三单元比赛。

三、比赛第三单元仍采用积分编排制比赛，并根据最终累计得分排列出比赛名次。

四、比赛单元、轮次及具体淘汰办法应由比赛主办方在规程中予以明确规定。

五、名次的排定办法同第二十七条之规定。

第三十条 积分编排赛+多局制淘汰赛

在一些特定的高水平比赛中，为了让选手更充分地展示出自己的实力，尽可能减少"手气"的影响因素，可以采用积分编排赛+多局制淘汰赛的赛制。这种赛制必须要有较充裕的比赛时间。

一、在比赛的第一阶段采用若干轮积分编排赛。然后产生出若干对名次列前的选手进入第二阶段的比赛。

二、在比赛的第二阶段采用多局制淘汰赛的赛制。应安排2n对选手参加第二阶段的比赛。每轮只有胜方才能进入下一轮次的比赛，负方则遭淘汰（另有规定的除外，例如增加第三、第四名的附加赛等）。直至决出比赛的最终名次。

三、多局制淘汰赛可采用以下比赛办法：

1. 以级差分的高低决定胜负。每轮比赛采用2（或3）局制，每局均按计时计副制比赛。在比赛结束后，以2（或3）局累计相加的26分制级分高者为本轮的胜方，胜方进入下一轮次的比赛。

2. 以场分的高低决定胜负。每轮比赛采用 3 局 2 胜制（或 5 局 3 胜制）。每局均按计时计副制比赛。决胜局如双方打平，则需继续在原有牌局基础上加打一副牌决出胜负。

第三十一条 限定场地赛+网络赛（或电视赛）

根据比赛的需要，可以选择采用限定场地赛+网络赛（或电视赛）的混合赛制。其具体比赛规程及比赛规则、比赛办法等可由主办者自行制定。

1. 网络海选赛+限定场地赛

当需要在很多地区进行海选预选赛，然后集中进行限定场地赛决赛时，可以采用这种赛制。

2. 限定场地赛+网络（或电视）决赛

当比赛既有一定的人数规模，又要对最后阶段的决赛等进行网络（电视）转播或相应控制时，可以采用这种赛制。

3. 网络海选赛+限定场地赛+网络（或电视）决赛

当需要在很多地区进行预选赛，然后进行限定场地赛进行复赛，并要求对最后阶段的决赛进行网络（或电视）转播或相应控制时，可以采用这种赛制。

第三十二条 网络与电视掼蛋比赛的赛制及其比赛规则

由互联网和电视台等举办的掼蛋比赛，因其比赛场地、比赛器材的特殊性，其采用的赛制及其比赛规则可由主办者根据实际需要，在本规则基础上作出适当的调整。

第三十三条 复式赛

一、有条件时，主办方可安排进行复式比赛。

二、复式赛的具体比赛办法及要求，应在比赛规程中予以明确。

第八章　竞赛组织及其他

第三十四条　设立竞赛机构

一、设立竞赛组织机构

为保证比赛的顺利进行，比赛需要设立相应的竞赛组织机构从事赛事认证、制定赛事规程和补充规定，以及处理比赛期间和比赛结束后不属于裁判员职责范围内的一切问题。

二、设立裁判委员会

竞赛组织机构根据赛事的需求，设立比赛裁判委员会或裁判组，指定或要求适量的裁判员管理比赛并任命其中一人为裁判长，必要时可增设副裁判长及编排长一至数人。

三、设立仲裁委员会

仲裁委员会应由3人或3人以上的单数组成，负责处理各类申诉判例。仲裁委员会在处理申诉判例时，应该遵照规程、规则和相关规定，本着公平、公正的原则，准确行使权利。仲裁委员会的裁决为最终裁决，不得更改。

第三十五条　裁判员职责

一、裁判长

裁判长负责管理整个比赛过程，根据赛事主办方需求协助拟定竞赛补充规程（补充通知）、明确比赛赛制、竞赛细则、竞赛日程，编排限定场地赛选手轮次、座次，以及宣布比赛最终成绩等。如果出现经过申诉改变比赛结果，或者因为编排统计出现错误的情况，经核实后裁判长有权修正比赛成绩，并予以公布。如果裁判员在执裁过程中出现错误，裁判长有权更改判罚并终止该裁判员的执裁资格。

二、副裁判长

按照裁判长的分工带领裁判员开展工作。裁判长因故不能行使职责时，代理裁判长的职权。

三、裁判员

所有裁判员必须按照裁判长和副裁判长的分工开展工作，确保和检查必要的比赛条件是否具备；在比赛中维持赛场秩序、接受比赛过程中违纪发生后的申告；监督和判定参赛选手是否违规，并根据规则和规程进行判罚；准确记录并上报判罚结果和比赛成绩；当裁判员遇到不能自行判罚的情况时，应及时上报裁判长（或副裁判长）进行处理。

第三十六条　限定场地赛赛场纪律

1. 讲究文明礼貌，进入赛场须衣冠整洁并且佩戴有效证件。

2. 赛场内保持安静，不得大声喧哗，不得随意走动，不得随意围观其他桌次选手打牌。

3. 赛场及赛场周边规定区域内禁止任何人吸烟。

4. 任何人员饮酒后不得进入赛场，不得在赛场饮用含有酒精的饮料。

5. 进入封闭的赛场区域内须经裁判员同意。

第三十七条　限定场地赛行为准则

一、运动员行为准则

1. 遵规守纪，尊重裁判，尊重对手，尊重观众。

2. 比赛中严禁携带任何电子产品，严禁使用或玩弄与比赛无关的器材或设备。

3. 比赛中必须严格服从裁判员的裁定，如对判罚有异议，可以书面形式向仲裁委员会提出仲裁申诉。

4. 比赛中不得以任何不恰当语言或行为干扰比赛。

5. 在一轮牌局结束前，要起身离开自己的桌位须得到裁判员的同意。

6. 结束比赛后不得在赛场内停留及讨论比赛牌局。

二、裁判员行为准则

1. 严格履行裁判员职责，做到执裁严肃、认真、公正、准确。

2. 精通规则，裁决合理，有据可依，不断提升业务水平。

3. 作风正派，不徇私情，坚持原则，处理及时。

4. 服从领导，遵守纪律，着装整洁，文明执裁。

第三十八条　比赛场地器材

一、场地

1. 场地必须能够容纳竞赛规程规定的参赛选手同时进出赛场。

2. 场地地面平整，环境安静、清洁。

3. 垂直静空高度为由地面至屋顶2.6米以上。

4. 通风良好，采光明亮或有符合规定的照明设施。

5. 场地中不得有镜子或其他反光物体。

6. 要符合建筑安全和消防的有关规定。

二、牌桌

1. 比赛用牌桌应高度适宜，平稳牢固。

2. 桌面应为正方形，边长70~95厘米。

3. 在桌面上应设置有遮挡板，从东南方位向西北方位对角线摆放。遮挡板高度为75~80厘米，宽度为115~150厘米。示牌区窗口宽度为

55~65厘米，高度为16~20厘米。遮挡板的支架应大小适宜，平稳牢固。

4. 在桌面正中区域，应设置正方形的示牌区，边长为32~40厘米，牌手示牌区的宽度为10厘米。

5. 在桌面上每位选手面前，距离桌边为3~5厘米的正中区域，设置长方形的弃牌区，弃牌区的底边长度为12厘米，宽度为8厘米。

6. 在桌面示牌区内，对应每位选手的边线右侧，以及在弃牌区的右侧，应分别设置直径为6厘米的圆形报牌卡区和报牌卡准备区。

三、座椅

1. 比赛时座椅应与牌桌配套，高度适宜，平稳牢固。

2. 应根据比赛的需要，安排裁判员的座椅。

四、10张报牌卡

1. 报牌卡应为直径6厘米的圆形纯色卡片。

2. 每张牌桌应分别准备2张红色和2张黑色报牌卡。报牌卡正反面颜色须完全一致。

3. 比赛时东西方位的选手均使用红色报牌卡，南北方位的选手均使用黑色报牌卡。

第九章　申诉及解释权

第三十九条　申诉

一、申诉的提出

1. 参赛选手有遵守比赛纪律、规则及规程的义务，也有监督比赛公平、公正和提出质疑的权利。当选手及其领队对裁判员在比赛中所做的任何裁决存在争议时，有权向仲裁委员会提出申诉。

2. 相关事宜的申诉必须在本轮比赛结束后的 30 分钟内提出，过时无效。

3. 申诉须以书面形式提出，经申诉人签字有效。

4. 申诉材料直接报仲裁委员会，同时按竞赛规程的规定缴纳申诉费。

二、申诉的处理

1. 凡涉及比赛规则或比赛规定一类的申诉，可由裁判长进行裁决。

2. 如对裁判长的裁决不服，可向仲裁委员会申诉。

3. 凡非直接涉及比赛规则或比赛规定的所有其他申诉，由组织委员会负责处理。

4. 比赛仲裁委员会对于申诉的表决遵循"少数服从多数"原则，并须在 2 小时内给予答复。如申诉方胜诉，则相应要退回申诉费。

5. 对申诉的处理不得违背国家体育总局颁布的《仲裁委员会条例》。

第四十条　解释权

本《淮安掼蛋竞赛规则》的最终解释权和修改权归国家体育总局棋牌运动管理中心所有。

附录 1　单循环赛成绩表

附录 2　掼蛋比赛记分表

附录 3　掼蛋比赛（记副制）记分表

附录 4　26 分制级差与级分换算表

附录 5　32 对单败淘汰赛轮次表

附录 6　16 对双败淘汰赛轮次表

附录 7　8 对单循环赛轮次表

附录 8　7 对循环赛轮次表

附录 9　比赛桌面示意图

附录 10　比赛桌面遮挡板示意图

附录1

单循环赛成绩表

编号	单位	姓名	1	2	3	4	5	6	7	8	场分	级分	胜局	对手分	名次
1			★												
2				★											
3					★										
4						★									
5							★								
6								★							
7									★						
8										★					

附录2

掼蛋比赛记分表

掼蛋比赛

第（　）轮　第（　）台记分表

方位	编号	选手姓名	单位	2	3	4	5	6	7	8	9	10	J	Q	K	A	A⁺	级分	场分
东西方																			
南北方																			

东西方选手签名：　　　　　　　南北方选手签名：

裁 判 员 签 名 ：　　　　　　　犯　规　情　况：

附录3

掼蛋比赛（记副制）记分表

第　　轮　第　　台　时间：　　年　月　日

编号	单位	姓名	方位	一	二	三	四	五	六	七	八	九	牌级	级分	场分

东西方代表签字：　　　　南北方代表签字：　　　　裁判员签字：

备注：

附录 4

掼蛋 26 分制级差与级分换算表

乙方 甲方	2	3	4	5	6	7	8	9	10	J	Q	K	A	A⁺
2	—	12:14	11:15	10:16	9:17	8:18	7:19	6:20	5:21	4:22	3:23	2:24	1:25	0:26
3	14:12	13:13	12:14	11:15	10:16	9:17	8:18	7:19	6:20	5:21	4:22	3:23	2:24	1:25
4	15:11	14:12	13:13	12:14	11:15	10:16	9:17	8:18	7:19	6:20	5:21	4:22	3:23	2:24
5	16:10	15:11	14:12	13:13	12:14	11:15	10:16	9:17	8:18	7:19	6:20	5:21	4:22	3:23
6	17:9	16:10	15:11	14:12	13:13	12:14	11:15	10:16	9:17	8:18	7:19	6:20	5:21	4:22
7	18:8	17:9	16:10	15:11	14:12	13:13	12:14	11:15	10:16	9:17	8:18	7:19	6:20	5:21
8	19:7	18:8	17:9	16:10	15:11	14:12	13:13	12:14	11:15	10:16	9:17	8:18	7:19	6:20
9	20:6	19:7	18:8	17:9	16:10	15:11	14:12	13:13	12:14	11:15	10:16	9:17	8:18	7:19
10	21:5	20:6	19:7	18:8	17:9	16:10	15:11	14:12	13:13	12:14	11:15	10:16	9:17	8:18
J	22:4	21:5	20:6	19:7	18:8	17:9	16:10	15:11	14:12	13:13	12:14	11:15	10:16	9:17
Q	23:3	22:4	21:5	20:6	19:7	18:8	17:9	16:10	15:11	14:12	13:13	12:14	11:15	10:16
K	24:2	23:3	22:4	21:5	20:6	19:7	18:8	17:9	16:10	15:11	14:12	13:13	12:14	11:15
A	25:1	24:2	23:3	22:4	21:5	20:6	19:7	18:8	17:9	16:10	15:11	14:12	13:13	12:14
A⁺	26:0	25:1	24:2	23:3	22:4	21:5	20:6	19:7	18:8	17:9	16:10	15:11	14:12	13:13

附录 5

32 对单败淘汰赛轮次表

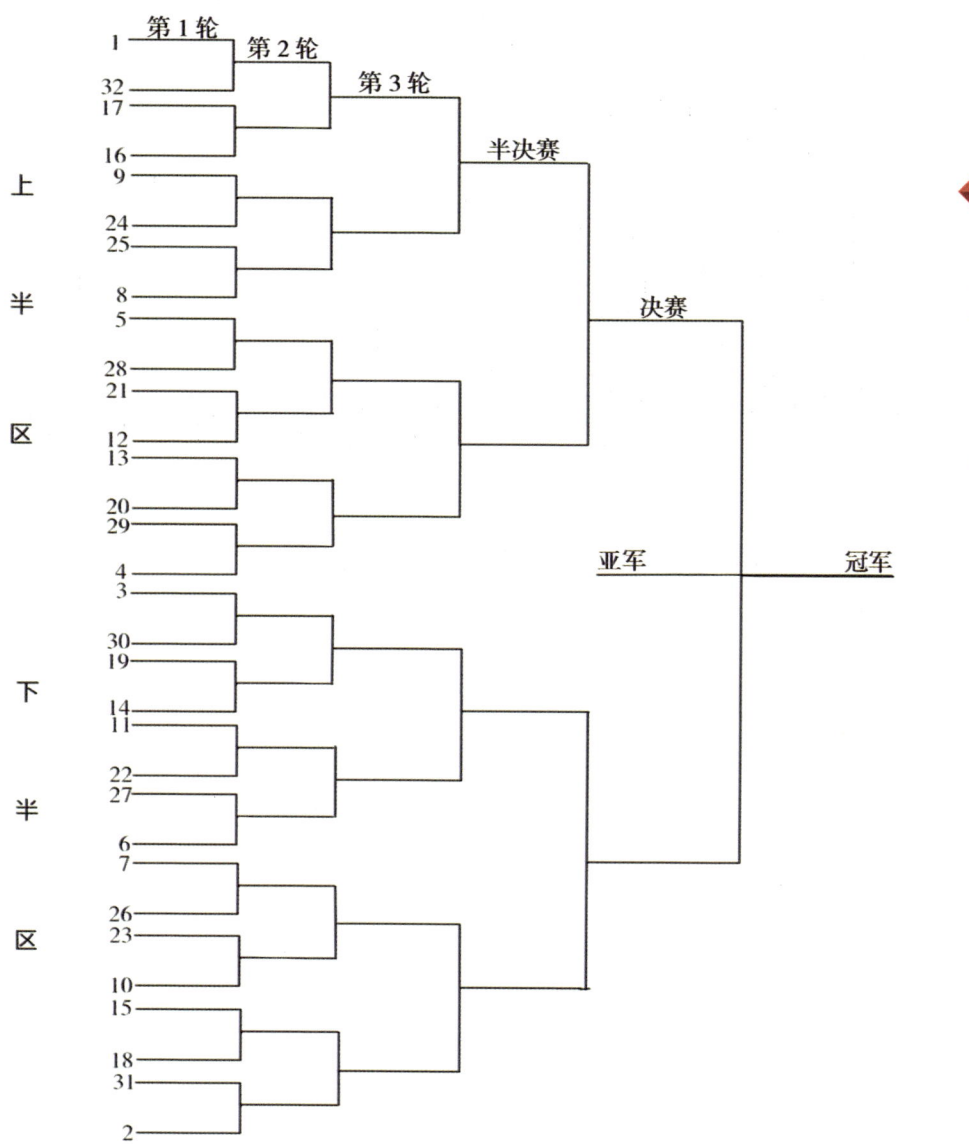

注：上半区和下半区的 1~32 号位置，为参赛者首轮抽签的定位依据。通常可设 8 名种子，依种子顺序安排在 1~8 号位置，如需选手轮空时，让种子选手首轮轮空。

附录6

16 对双败淘汰赛轮次表

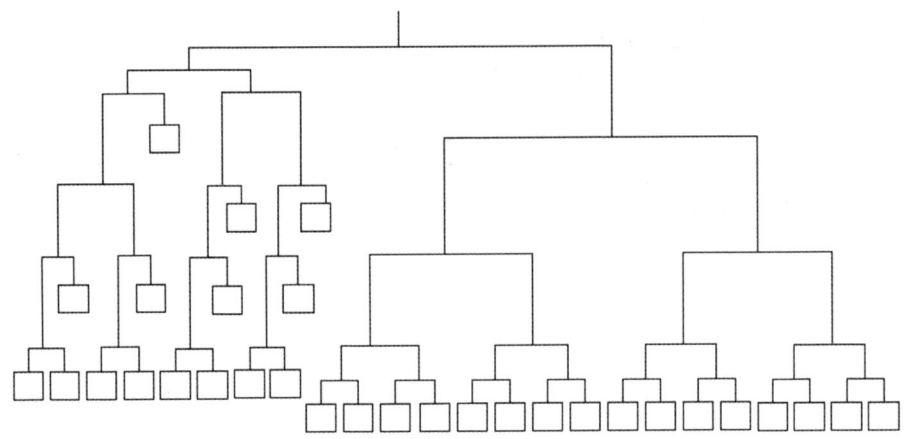

注:最后的冠亚军决赛决定胜负的比赛办法,具体须在比赛规程或补充的竞赛细则中予以明确。

附录 7

8 对循环赛轮次表（"贝格尔"编排法）

轮次	第一轮	第二轮	第三轮	第四轮	第五轮	第六轮	第七轮
对阵	1—8	8—5	2—8	8—6	3—8	8—7	4—8
	2—7	6—4	3—1	7—5	4—2	1—6	5—3
	3—6	7—3	4—7	1—4	5—1	2—5	6—2
	4—5	1—2	5—6	2—3	6—7	3—4	7—1

8 对循环赛轮次表（固定轮转编排法）

轮次	第一轮	第二轮	第三轮	第四轮	第五轮	第六轮	第七轮
对阵	1—8	1—7	1—6	1—5	1—4	1—3	1—2
	2—7	8—6	7—5	6—4	5—3	4—2	3—8
	3—6	2—5	8—4	7—3	6—2	5—8	4—7
	4—5	3—4	2—3	8—2	7—8	6—7	5—6

附录8

7 对循环赛轮次表（"贝格尔"编排法）

轮次	第一轮	第二轮	第三轮	第四轮	第五轮	第六轮	第七轮
对阵	1—0 2—7 3—6 4—5	0—5 6—4 7—3 1—2	2—0 3—1 4—7 5—6	0—6 7—5 1—4 2—3	3—0 4—2 5—1 6—7	0—7 1—6 2—5 3—4	4—0 5—3 6—2 7—1

7 对循环赛轮次表（固定轮转编排法）

轮次	第一轮	第二轮	第三轮	第四轮	第五轮	第六轮	第七轮
对阵	1—0 2—7 3—6 4—5	1—7 0—6 2—5 3—4	1—6 7—5 0—4 2—3	1—5 6—4 7—3 0—2	1—4 5—3 6—2 7—0	1—3 4—2 5—0 6—7	1—2 3—0 4—7 5—6

注：凡遇与"0"号对阵的选手，表示其该轮次为轮空。

附录9

比赛桌面示意图

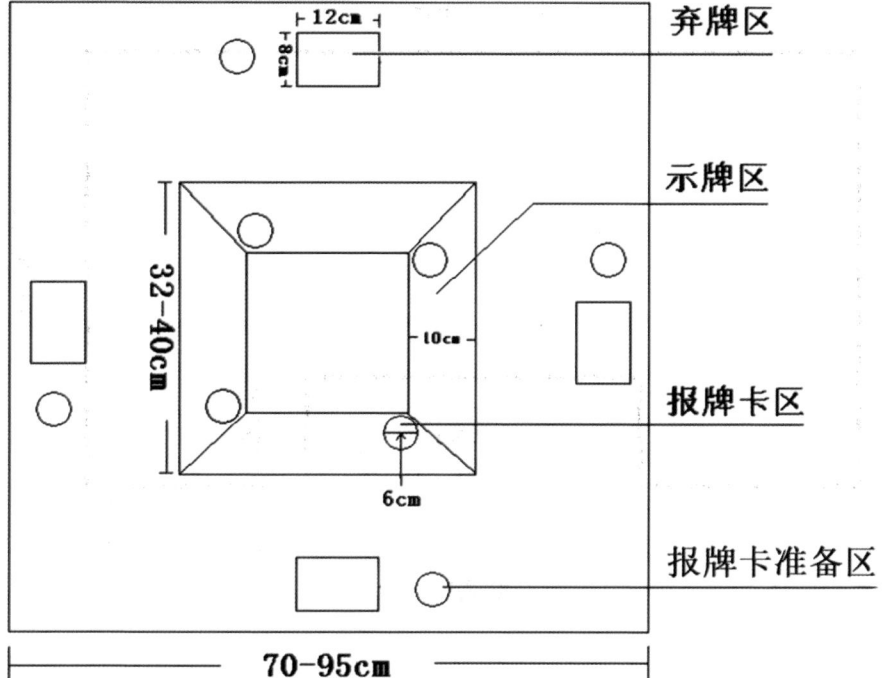

附录10

比赛桌面挡板示意图

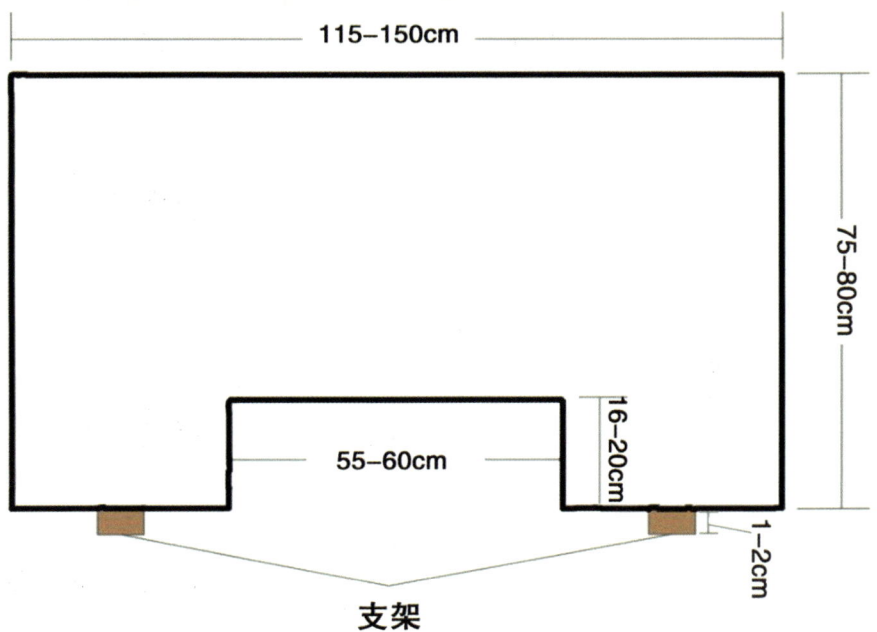

附录三 淮安与掼蛋

首先要明确一个认识,打掼蛋与其他的下棋打牌一样,不是玩物丧志,不是不务正业,而是参加一项有益的智力体育活动,是人民群众对幸福生活的一种向往。

一、掼蛋是一项健康的休闲体育活动

1. 休闲体育(也有人称之为"轻体育")的重要作用

随着经济社会的发展进步,信息技术与现代化交通工具的普及,节假日的增多,人们的闲暇时间大为增加。而日益激烈的社会竞争和生活环境的太多变化也给人们带来了各种压力。现代人们越来越需要通过参加棋牌等对抗性不是很强的各种体育活动来增进健康、聚朋会友、缓解压力、度过余暇。正是在这种大趋势下,增进身心健康、丰富生活情趣、加强人际关系、促进社会和谐的休闲体育越来越受到人们的欢迎和广泛参与。

2. 掼蛋的特点

掼蛋这一新兴的休闲体育(也有专家学者称之为"轻体育")活动,由于它千变万化的趣味性、掼出炸弹时的爽快性、男女老少皆宜的普及性、茶余饭后随时随处可玩的低成本性以及网络的强力助推作用,近十三年来深受广大群众的喜爱,并以前所未有的速度在国内外得以迅速推广普及。据不完全统计，每天在网上和家中、茶馆、路边打掼蛋的人数以百万计，可以说，掼蛋为广大人民群众带来了快乐，极大地丰富和充实了人民群众的闲暇生活。

3. "饭前不掼蛋，等于没吃饭""饭后不掼蛋，等于白吃饭"

在掼蛋的起源地淮安，广泛流传着"饭前不掼蛋，等于没吃饭""饭后不掼蛋，等于白吃饭"等说法，很好地证明了人们对于掼蛋的钟爱；甚至可以说，掼蛋在某种程度上改变了淮安人的生活方式。虽然在掼蛋的推广普及过程中也曾出现过一些争议，但由于其深受广大群众喜爱，有着强大的生命力，所以掼蛋在短短的十余年时间内就已冲出淮安，风靡全省，走向全国。

4. 淮安掼蛋——6000万人喜爱的扑克牌新牌种

如今，淮安掼蛋已在全国各地逐渐流行和普及，各种形式的掼蛋比赛源源不断，已有超过16个电视台开办掼蛋栏目，有40多家网络游戏公司先后开发了各种掼蛋游戏，现在手机上网打掼蛋也正在流行。初步估算，目前在海内外约有超过6000万人经常打掼蛋，掼蛋已成为十多种趣味棋牌项目中参加人数最多的一个。

5. 掼蛋项目的重要特点

详见规则中的定义部分。

6. 掼蛋运动的文化内涵

掼蛋首先是一种体育文化。掼蛋是一项新兴的、集合了众多牌类之长处、受到数千万群众喜爱、前途非常光明的棋牌类休闲体育活动。掼蛋文化应该属于体育文化的大范畴。

我认为掼蛋作为体育文化的特性主要有：大众性、趣味性、益智性、娱乐性、竞技性、团队性等。

当然，除了体育文化方面，掼蛋文化还兼具通俗文化、流行文化、网络文化（目前已经有几十家掼蛋网站，2000多万注册用户，甚至有很多海外华人在网络上打掼蛋，每天起码有十万人左右在网上掼蛋）、电视文化的特征（现在淮安周边有16个城市开办了掼蛋比赛电视栏目，其中包括江苏和安徽两家省级电视台，并且收视率都很高，都是创收大户）。

我们淮安市在把掼蛋作为城市特色体育文化品牌而召开的会议上，有领导曾分析说，淮安全市现有人口为570万，粗略估算会打掼蛋的人群应该在100万左右。像在我市民间广为流传的掼蛋口头用语，也都成为流行语言。例如大家都知道的"饭前不掼蛋，等于没吃饭。饭后不掼蛋，等于白吃饭。掼蛋没打好，等于没吃饱"，这些都源自于淮安民间。此外还有不少很通俗易懂的小段子：

- 与牌友打牌要讲实力，与亲友打牌要讲和气。
  与老友打牌要讲交流；与新友打牌要讲谦虚；
  与上级打牌要讲政治，与下级打牌要讲尊重；
  与同事打牌要讲友情，与妇女打牌要讲大度。

- 掼蛋打得精，说明思路清；掼蛋算得细，说明懂经济；
  掼蛋打得巧，说明智商高；掼蛋让领导，说明有头脑；
  掼蛋敢用炸，说明胆子大；掼蛋讲配合，说明能合作；
  赢了不吱声，说明城府深；输了不投降，竞争能力强。

诸如此类，都已脍炙人口。

此外，掼蛋文化还是淮安最具代表性、最具城市影响力的一个城市文化特征。淮安市政府曾邀请清华大学派出专家组来淮考察淮安市的城市特征。这些专家们经过一段时间的考察，一共对淮安给出了20个城市特征总结，其中对掼蛋的评价是非常高的。他们说其他的很多特征都容易与其他城市重合，即使像周恩来这样的伟人，也不能说是独一无二的（当然，周恩来是我们淮安永远的骄傲，这里没有丝毫贬低伟人的意思）。而由我们淮安市人民群众创新的"掼蛋"这个特征才应该是淮安独有的，最具代表性、最具城市影响力的一个城市文化特征。

二、掼蛋为什么会起源于淮安

各种体育项目的产生和发展都有其民族和地域文化的特点。体育是人类文化的重要组成部分，是人类文明的重要结晶和宝贵财富。可以说，体育的"根"是文化。

综观体育运动的发展史，我们能够看到人类社会百花齐放、千姿百态的文化图景，而各种体育项目的产生和发展都有其民族和地域的特点。例如，古代奥林匹克运动诞生于古希腊，当时的比赛项目主要有田径、举重、摔跤、体操等。现代足球、网球、乒乓球、射箭等起源在英国，篮球、排球和棒球则诞生在美国，帆船运动起源于荷兰，击剑起源于法国，高尔夫球起源于苏格兰，冰球起源于加拿大，柔道与相扑起源于日本，韩国人发明了跆拳道等。

淮安是全国历史文化名城，也是一座智慧之城。掼蛋诞生在淮安绝非偶然之事。淮安是全国历史文化名城，有着深厚文化底蕴。淮安自古就据中国大运河的要冲，秦汉时建县，隋唐时已是经济发达、文化繁华之地，明清时与苏州、杭州、扬州并称为运河沿线的四大都市，被誉为"运河之都"，其地域文化具有极强的包容性和变通性，造就了淮安历史文化名人灿若群星的盛景（包容天下，崛起江淮）。在淮安最著名的历史人物中，一代伟人、开国总理周恩来自不待说，更有汉初大军事家韩信，汉赋大家枚乘、枚皋，《西游记》作者吴承恩，朴学大师阎若璩，温病学大师吴鞠通，道光帝师、大学士汪廷珍，血洒虎门的民族英雄关天培，《老残游记》作者刘鹗，清代围棋国手梁魏今，京剧界通天教主王瑶卿，京剧大师周信芳，淮剧大师筱文艳，著名作家吴强、陈白尘、张贤亮，雕塑大师滑田友，摄影大师郎静山，奥运冠军邱健等。这些光彩照人的名字，足以佐证淮安人文的丰厚与淮安人民的聪明智慧。

　　掼蛋这一深受群众喜爱的体育游戏，正是由聪明智慧的淮安人民集"打对门""打夯""斗地主""争上游（跑得快）""双升（八十分）"等多种扑克牌游戏之长融合创新，逐步而成的。

　　掼蛋在进入淮安、南京等较大城市以后，经过多年、多地和社会各界的共同努力，才不断完善并最终基本定型。掼蛋这种扑克牌新玩法的创意和发展是我们淮安对体育文化的又一重大贡献。

三、淮安是掼蛋的发源地

　　掼蛋是我市淮安区南闸镇部分干部群众于 20 世纪 60 年代后期融合创新产生的。对于掼蛋的产生和发展，我市早有市政协以及一些专家学者进行过多次专题调研，并有不少研究文章面世。根据市领导的要求，我们淮安市掼蛋协会联合淮海晚报社和淮安区委宣传部，于 2015 年 8 月到淮安区的南闸镇（现已更名为漕运镇）进行了一次联合调查，最终认定，掼蛋是我市淮安区南闸镇等地的部分群众于 20 世纪 60 年代后期融合创新产生的，20 世纪七八十年代先是在淮安市的淮安区民间开展，21世纪初逐步在淮安市、南京市及周边地区开始流行。

掼蛋的始创人员有孙兆成、樊越荣、耿志昌、陶万智（其中后面三位老者都已去世）等人。遗憾的是，那个时候的主要资料都没有能够保存下来，当年的情况主要是由后来的南闸镇文化站站长金矿先生撰写的一些文章进行了回忆与宣传。

从2015年10月起，《淮海晚报》连续7次，用7个整版的篇幅对掼蛋发源地以及掼蛋发展等情况进行了宣传报道。

四、掼蛋运动的发展历程

近年以来，淮安掼蛋真正有文字资料记载、有时间、地点、人物的第一次较正式的掼蛋比赛始于2005年元旦。

21世纪初，掼蛋虽然受到广大群众的喜爱，但也曾遭到社会上有些人的批评指责，认为其既不能产生GDP又会影响工作。因此，在那个时期，掼蛋不可能作为一项文化体育的创新项目而受到应有重视和推广发展。在南京和淮安等地的政府部门也反对打掼蛋。所以，那时要举办一次正式掼蛋比赛还是要冒一些风险的。

淮安市有详细资料记载的第一次较正式的掼蛋比赛，是淮安市体育局与淮安市商业银行（现为江苏银行淮安分行）在2005年元旦期间联合举办的，当时的名称叫"商行杯迎新春掼蛋（扑克）邀请赛"，共有70多名市级机关和企事业单位的干部职工参加。因为当时淮安市区刚从"双升"（又称炒地皮、南巡等）转而开始打掼蛋，并且当时还没有明确的比赛规则。为了办好这次掼蛋比赛，赛前我拟就了一份掼蛋比赛规则，并向大家进行了规范演示和说明。

2005年7月，淮安市总工会组织了淮安市历史上第一次正式的掼蛋比赛，参加这次比赛的共有来自全市各县区的选手达2000人。经过

11轮/6天的单淘汰比赛，最终由李元庆/刘洪获得冠军。自此之后，各种掼蛋比赛不断举办，广大群众热情参与，掼蛋项目逐步在全市普及起来，并快速向南京等周边地区推广流行。

2005年6月，"淮安掼蛋网"正式上线。该网站是由淮安市杨海军等一批年轻的民营企业家创办的。借助网络平台的传播优势，掼蛋游戏在网络上迅速传播开来，并深受海内外人士的喜爱。

2007年5月起，淮安电视台在全国率先开办了"谁是掼神"电视掼蛋大赛栏目，由于电视掼蛋大赛的参赛选手水平高，节目播出的时间段好，周期又长，深受观众喜爱。这档节目已经成为淮安电视台收视率最高的节目之一。现在，江苏电视台、安徽电视台等都设有掼蛋栏目，对推动掼蛋的迅猛发展起到了重要的作用。

2010年6月，第一本《掼蛋比赛规则（试行）》（纸质本）由淮安市体育局正式公布试行。同年，江苏省体育局社体中心发布了《江苏省掼蛋竞赛简易规则》（电子版）。

2010年初，淮安市体育局根据掼蛋的发展推广情况，决定由我和朱海武、朱洪斌、李元庆、施军等人编写第一本《掼蛋比赛规则》，并于2010年6月正式公布试行，这个简易规则共有18条，对掼蛋的基本牌型与基本打法给予了明确规定。

2014年6月，淮安市人民政府正式批文将掼蛋列入淮安市级非物质文化遗产名录。

2016年和2017年，淮安掼蛋作为表演项目，先后两次登上国际智力运动精英赛的舞台。国际智力运动联盟主要官员对掼蛋这项新兴的智力运动项目给予了高度肯定和认同。

2017年1月18日，国家体育总局棋牌运动管理中心正式公布淮安掼蛋成为全国趣味棋牌类正式竞赛项目。

2017年4月15日，国家棋牌运动管理中心正式公布《淮安掼蛋竞赛规则》（这个国标版掼蛋规则是由我担任编写组组长的）。

这些举措对于推动掼蛋运动加快发展意义重大。

2016年，首次举办全国性的"海峡两岸淮安掼蛋交流赛"。这是首次由国家体育总局棋牌管理中心发文举办的掼蛋比赛，从4月15日起，在江苏的南京、苏州、徐州、连云港、淮安市以及安徽的马鞍山市共举办了26场预选赛，最后于7月7—9日在淮安市进行了总决赛，共有5000多名选手先后参加了这次比赛。

自2016年以来，江苏和安徽等省市各级掼蛋协会纷纷成立，各种掼蛋俱乐部如雨后春笋般不断涌现，掼蛋活动在全社会各行业、各阶层都发展得风生水起。2018年，安徽省扑克牌运动协会和江苏省掼蛋运动协会先后正式成立，标志着掼蛋运动走向了规范化、组织化发展的新阶段。掼蛋项目已经成为江苏和安徽两省的全民健身运动会比赛项目与省级智力运动会项目。淮安市体育部门自2017年以来，已经连续举办了五届"今世缘杯中国掼蛋公开赛"，江苏省掼蛋运动协会于2019年举办了"柔和双沟杯"世界掼蛋大赛。

2017年以来，在淮安市、苏州市、南京市等地，掼蛋已经成功进入大学开办讲座，淮安工学院还将掼蛋列为外国留学生培训课程。

在2014年全国体育文化旅游博览会和2019年全国智力运动博览会期间，淮安市体育局先后组织掼蛋项目参展，对宣传介绍和积极推广掼蛋运动起到相当大的作用。

全国政协委员王红红（时任淮安市副市长）向全国两会提交了第一份有关推动掼蛋项目进入第五届全国智力运动会的提案，得到了国家体育总局的高度重视。据悉，掼蛋项目将有望成为 2023 年第五届全国智力运动会竞赛项目。

规范化、网络化、国际化、职业化、产业化是掼蛋今后的发展方向。

作者简介：兰国伟，淮安市体育局原副局长，淮安市掼蛋协会副会长。国家体育总局棋牌运动管理中心《淮安掼蛋竞赛规则》编写组组长。掼蛋运动最早的推动者之一。

附录四　掼蛋专业术语索引

因为掼蛋集中了以往许多纸牌游戏的打法，故在术语上也沿用了其他纸牌游戏的各种称谓，显得五花八门。同时，这种游戏来自民间草根，经过多年的自然生长，各地的方言土语夹杂其中，术语的使用更加复杂多样。2017年，国家体育总局出台了以淮安版游戏规则为标准的术语规范，但由于历史原因，各地在使用中依然带有习惯性表述。在此特予注释。

·单张：又称单牌，指单一的一张牌；

·对子：又称对牌，指同级的两张牌；

·三不带：又称三同张，指同级的三张牌；

·三带二：又称夯、三带对、俘虏，指同级三张牌与同级两张牌的组合；

·三连对：又称姐妹对、木板，指相连的三个对子；

·三同连张：又称飞机、双飞、钢板，指相邻的两个三不带；

·顺子：又称链子、杂顺、杂花顺，指相连的五张单牌，从A2345，到10JQKA；

·同花顺：又称火箭，指相连同花色的五张单牌，从A2345，到10JQKA；

·炸弹：又称火，按大小顺序分别为：4张鬼（两大两小）、同级10张（含两张百搭）、同级9张（含一张百搭）、同级8张、同级7张、同级6张、同花顺、同级5张、同级4张；

·鬼：又称王、猫，分为大鬼两张、小鬼两张；

·将牌：又称级牌、主牌，取决于当前打哪级牌；

·百搭：又称逢人配、混子、赖子，指当前在打这一级牌的红桃（红心）；

·头游：又称上游，指第一个把牌打完的一方；

·末游：又称下游，指最后一个把牌打完的一方；

·双贡：又称双上、双升，指合作的双方分别取得头游、二游；

·双下：又称双关，指合作双方分别取得三游、末游；

·进贡：指末游（含双下时取得三游、末游两方）向头游（含双贡时取得头游、二游两方）上缴本手最大的牌（顺序为：大鬼、小鬼、将牌、A依次类推，百搭免贡）；

·退贡：又称回贡、还贡，指受贡方返还一张10以下（含10）的牌；

·抗贡：进贡方（含双下时两方）拥有两张大鬼，可以不进贡，由头游出牌；

·借风：又称接风、吹风，指上游产生以后，若上游最后一手牌没有被对手压住时，由上游的对家出牌；

·定位炸：又称定位弹，指这一把全副牌中最大的、可以绝对掌握话语权的炸弹；

·倒冲：指使用最大炸弹以后，带出最后一手杂牌。

附录五 已出版的掼蛋书籍

（以下书籍按出版时间排序）

1. 《掼蛋宝典》. 黑龙江人民出版社，段绪林等，2012 年
2. 《掼蛋技战法》. 江苏科学技术出版社，渔乐，2014 年
3. 《怎样打掼蛋》. 海风出版社，蔡建华，2014 年
4. 《掼蛋》. 安徽人民出版社，吉唐，2015 年
5. 《掼蛋技巧秘籍》. 天津科学技术出版社，丁华，2016 年
6. 《掼蛋技巧与文化》. 苏州大学出版社，周高，2018 年
7. 《玩掼蛋超绝技巧》. 人民体育出版社，石巅，2019 年
8. 《掼蛋传习》. 河海大学出版社，李旦生，2019 年
9. 《中国掼蛋十大技巧》. 河海大学出版社，周文斌，2020 年
10. 《掼蛋文化与实战策略》. 江苏凤凰文艺出版社，汪慰曾，2020 年

此外，《江苏省掼蛋项目一线社会体育指导员再培训教材》（由李旦生、段绪林、周高、丁华主讲），2017 年，虽未公开出版，但在网上广为传播，影响很大。